Gianfranco Schultz
Samuel Leuenberger
Harald Seubert

Grenzüberschreitun

Studien zu Theologie und Bibel

im Auftrag der
Staatsunabhängigen Theologischen Hochschule Basel
herausgegeben von

Prof. Dr. Jacob Thiessen
Prof. Dr. Herbert H. Klement
und
Dr. Stefan Schweyer

Band 8

LIT

Gianfranco Schultz
Samuel Leuenberger
Harald Seubert

Grenzüberschreitungen

Christlicher Glaube im Gespräch
mit Philosophie und Weltreligionen

LIT

Bibliografische Information der Deutschen Nationalbibliothek
Die Deutsche Nationalbibliothek verzeichnet diese Publikation in der Deutschen Nationalbibliografie; detaillierte bibliografische Daten sind im Internet über http://dnb.d-nb.de abrufbar.

ISBN 978-3-643-80149-4

Klosbachstr. 107
CH-8032 Zürich
Tel. +41 (0) 44-251 75 05
Fax +41 (0) 44-251 75 06
E-Mail: zuerich@lit-verlag.ch
http://www.lit-verlag.ch

LIT VERLAG Dr. W. Hopf
Berlin 2013
Verlagskontakt:
Fresnostr. 2
D-48159 Münster
Tel. +49 (0) 2 51-62 03 20
Fax +49 (0) 2 51-23 19 72
E-Mail: lit@lit-verlag.de
http://www.lit-verlag.de

Auslieferung:
Deutschland: LIT Verlag Fresnostr. 2, D-48159 Münster
Tel. +49 (0) 2 51-620 32 22, Fax +49 (0) 2 51-922 60 99, E-Mail: vertrieb@lit-verlag.de

Österreich: Medienlogistik Pichler-ÖBZ, E-Mail: mlo@medien-logistik.at

Schweiz: B + M Buch- und Medienvertrieb, E-Mail: order@buch-medien.ch

E-Books sind erhältlich unter www.litwebshop.de

Inhaltsverzeichnis

Vorwort

Die Stabübergabe von einer Generation auf die nächste bedeutet für eine Institution eine wichtige Herausforderung: Kontinuität und Wandel sind miteinander zu verbinden. Am 27. September 2012 hielten Prof. Dr. Gianfranco Schultz, an der STH Basel über lange Jahre für die philosophischen, zeitweise auch die dogmatischen Vorlesungen zuständig, und Prof. Dr. Samuel Leuenberger, der die Vorlesung über Kirchen, Religionsgemeinschaften und Weltanschauungen seit 1986 abgehalten hatte, ihre Abschiedsvorlesungen. Zwei Monate später, am 29. November 2012, hielt ich meine Antrittsvorlesung als Professor für Philosophie und Religionswissenschaft sowie als Fachbereichsleiter für Missions- und Religionswissenschaft an der STH Basel. Ich stehe damit in der verpflichtenden Nachfolge beider Kollegen.

Die beiden Abschiedsvorlesungen und die Antrittsvorlesung werden im Folgenden in leicht überarbeiteter Version dokumentiert. Dabei werden zugleich wichtige Züge des Profils der STH Basel in Vergangenheit, Gegenwart und Zukunft sichtbar. Das gemeinsame Motiv ist das Gespräch, in das fundierter und reflektierter christlicher Glaube mit der Philosophie einerseits und den Weltreligionen andererseits eintritt. Dabei geht es um die Überschreitung von Grenzen, wie sie im Missionsauftrag den Christen aufgegeben ist: „Gehet hin in alle Welt“ (Mt 28,16–20; Mk 16,15–18). Dieses allen drei Autoren gemeinsame und zentrale Anliegen drückt sich im Titel des Bandes aus.

1. Gianfranco Schultz wählte sich die Auseinandersetzung mit der Enzyklika „Fides et ratio“ von Papst Johannes Paul II. zum Thema. Er tritt damit in das Gespräch der Una sancta ein, freilich mit klar reformiertem Profil und in eigenständigen philosophischen Traditionen. Nach einer sorgfältigen Rekonstruktion des Gedankengangs der Enzyklika, in der er den Vorwurf des Papstes, dass die moderne Philosophie ein verengtes Rationalitätskonzept verfolge, sehr zustimmend aufnimmt, ergeben sich bei Schultz auch kritische Fragen: So stellt er zu Recht die Zuordnung von „fides“ und „ratio“ zu den Disziplinen von Philosophie und Theologie zur Diskussion. Die beiden Begriffspaare sind nicht linear aufeinander hin abzubilden.

Noch gewichtiger erscheint ihm aber, dass das Konzept einer zwar ergänzungsbedürftigen, doch letztlich intakten Vernunft, wie es der Papst vertritt, im Sinn reformierter Theologie sehr problematisch ist. Auch die Vernunft untersteht Sünde und Kreuz. Glaube kann vielfachen Inhalten gelten. Er ist noch nicht notwendigerweise Glaube an Offenbarung. Glaube ist vielmehr ein anthropologisches Universale. Entscheidend ist dann, woran sich diese immer vorhandene

Disposition bindet. Hier folgt Schultz einem reformierten Verständnis, das, wie er zu verstehen gibt, zugleich reformatorisch ist.

Daraus zieht Schultz die weiter gehende Folgerung, dass man eine disjunktive Lesart von Glaube und Vernunft hinter sich lassen müsse. Sie unterläuft nämlich die Konzeption einer dezidiert christlichen Philosophie. Zwei eindrucksvolle Beispiele für eine solche Philosophiekonzeption kann Schultz namhaft machen: Dooyeweerd und Plantinga; Philosophen, die in Lehre und Denken von Schultz seit jeher eine herausragende Bedeutung einnahmen und die die Eigenständigkeit eines christlichen Philosophierens belegen.

2. Auch Samuel Leuenberger zieht mit seinem Beitrag das souveräne Fazit seiner theologischen Lebensarbeit, die besonders eng mit der STH Basel verbunden war. Es geht um nicht weniger als um die Frage nach Kriterien für den Absolutheitsanspruch des Christentums. Leuenberger geht zu Recht davon aus, dass die Begriffe für Wahrheit, sowohl hebräisch ('æmæt) als auch griechisch (alætheia) auf einen absoluten Maßstab verweisen. Was wahr ist, ist wirklich und seiend. Und es ist enthüllt, also offenbart. Wahrheit und Absolutheit stehen dann in einem synonymen Zusammenhang. In einem biblisch wohlbegründeten Ansatz zeigt Leuenberger Kriterien für die Absolutheit der Wahrheit zunächst am Gottesbegriff. Er geht dabei auf die Offenbarung des einen Namens Gottes, seines zielhaften Handelns und seiner Menschwerdung in Jesus Christus zurück. Erst von der Mitte in Jesus Christus her, seinem Heilshandeln und seinen Selbstbezeugungen in den „Ich bin"-Worten, wird die einzigartige christliche Verbindung zwischen Gott und Mensch gestiftet. Leuenbergers zweiter Blick gilt dem Menschen als Geschöpf und Gottes Ebenbild, das sich von Gott getrennt hat. Als spezifisch christlich wird damit auch das Heilshandeln Gottes ohne Ansehen der Person thematisiert. Es könne zu einer tieferen Begründung der Toleranz führen.

Besonders eindrücklich sind die ethischen Konsequenzen, die Leuenberger herausarbeitet: Es könne im christlichen Sinn keine Verdienstethik geben. Wohl aber ein von Dank geprägtes Verhalten, das zu Vergebungsbereitschaft und Feindesliebe führe. Damit überschreitet christlicher Glaube auch die Ethik der Stoa, die ihm sonst besonders nahekommt. Ekklesiologisch stehe das allgemeine Priestertum aller Gläubigen, die Gemeinde als pneumatischer Raum und die Mission als das bewegte und sich bewegen lassende Zeugnis von dem in Christus wahrer Mensch gewordenen Gott im Zentrum. Die Einzigartigkeit der Heiligen Schrift zeigt sich darin, dass sie vom Heiligen Geist bestimmtes, sich selbst auslegendes wahres Wort Gottes ist. Schließlich aber vollendet sich die christliche Wahrheit und Absolutheit in der Erwartung eines künftigen eschaologischen Ziels, das nicht nur auf die Unsterblichkeit der Seele, sondern die wahrhaftige Auferstehung gerichtet ist.

Leuenbergers Ausführungen überzeugen nicht zuletzt darin, dass sie im Blick auf andere Weltreligionen (hier in der Folge von Carl Heinz Ratschow), aber auch auf die stoische Philosophie, etwa Mark Aurel, zeigen, wie diese an einzelne christliche Topoi rühren, sie aber nicht wirklich einlösen können. Gerade darin verifiziert sich der Wahrheitsanspruch des Christentums. Er impliziert Unabhängigkeit von menschlichen Maßstäben und zugleich eine Toleranz, die die Wahrheitsfrage nicht ausblendet.

3. Ich selbst schließe in meiner Antrittsvorlesung bewusst an diese Traditionen der STH Basel an: dies wird im Verhältnis meines Textes zu jenem von Schultz deutlich. Zu nennen ist auch die in dieser Reihe dokumentierte eindrucksvolle Tagung über „Möglichkeit und Aufgaben christlichen Philosophierens".[1] Von hierher exponiere ich vier unterschiedliche Paradigmen christlicher Philosophie: das antik-patristische, das mittelalterlich-mystische (Thomas, Meister Eckhart, Cusanus), sodann die Differenz zwischen Hegel als Philosophen des Christentums und Schelling als, wie mir scheint, genuin christlichem Philosophen und schließlich den Neuaufbruch einer christlichen Philosophie nach dem Ersten Weltkrieg. In einem zweiten Schritt frage ich systematisch nach dem Verhältnis der Wahrheit des trinitarischen christlichen Glaubens zum „Gott der Philosophen". Dabei gehe ich von der Aussage von Wiebke Schrader aus, wonach der Gott der Philosophen, als der Christus der Theologen, der Gott Abrahams, Isaaks und Jakobs ist. Schließlich zeige ich, was eine in ihren Voraussetzungen dezidiert christliche Philosophie im Gesamtraum der Philosophie und zugleich im Fächerkanon der Theologie auszeichnet.

Die Texte werden hier der breiteren wissenschaftlichen Öffentlichkeit vorgelegt. Sie dokumentieren wichtige und oft im allgemeinen Diskurs eher unterbelichtete Momente der theologisch-philosophischen und religionswissenschaftlichen Selbstverständigung. Sie zeigen damit auch, wie unerlässlich das Gespräch mit den großen Traditionen ist, mit dem, was Aristoteles den „Besitz für immer" (ktēma eis aei) nannte, vor allem aber die Rückbezogenheit auf den Grund der Offenbarung.

Basel, Anfang Januar 2013 — Harald Seubert

[1] Sven Grosse/Gianfranco Schultz (Hrsg.), *Möglichkeit und Aufgabe christlichen Philosophierens*, Studien zu Theologie und Bibel 6, Münster, 2011.

Gianfranco Schultz

Die päpstliche Enzyklika „Fides et ratio“ im Lichte einer reformierten Philosophie

Am 14. September 1998 veröffentlichte der Vatikan die „Enzyklika ‚Fides et ratio‘ von Johannes Paul II. an die Bischöfe der katholischen Kirche über das Verhältnis von Glaube und Vernunft“.[1] Enzykliken sind Rundschreiben des Papstes, in denen Themen der Glaubensverkündigung mit der Autorität des Lehramtes erörtert werden, ohne dass dabei allerdings das Unfehlbarkeitsdogma in Anspruch genommen wird. Im Allgemeinen verfolgen solche Enzykliken eine pastorale Absicht, indem sie in konkreten historisch-gesellschaftlichen Situationen, die offensichtlich eine Herausforderung für die Gläubigen darstellen, einen richtungsweisenden Beitrag zur Standortbestimmung der katholischen Kirche leisten wollen. In der Regel richten sich die Enzykliken an die katholischen Bischöfe. Es sind strikt genommen innerkirchliche Verlautbarungen, aber es ist klar, dass ihre Reichweite, thematikbedingt, oft darüber hinausgeht. So auch im Falle der Enzyklika „Fides et ratio“. Das Verhältnis von Glaube und Vernunft ist eines, welches für jede Generation eine immer wieder bedenkenswerte Aufgabe darstellt – und zwar nicht nur für katholische Christen.

Meine Annäherung an diese Enzyklika ist deshalb von kritischer Sympathie geprägt. Sympathie, weil hier, wie gesagt, ein gemeinsames Anliegen und eine gemeinsame Herausforderung für alle Christen vorliegen und es daher fahrlässig wäre, nicht voneinander lernen zu wollen. Kritisch, weil ich mich selbst mit dem Entwurf einer reformierten Philosophie beschäftigt habe, die ja ebenfalls einen Beitrag zum Thema Glaube und Denken darstellt, wenn auch mit einer etwas anderen Akzentsetzung.

---

[1] *Enzyklika „Fides et ratio“ von Johannes Paul II. an die Bischöfe der katholischen Kirche über das Verhältnis von Glaube und Vernunft*, 14. September 1998, hrsg. vom Sekretariat der Deutschen Bischofskonferenz, Bonn (Abk: FR).

Ich will zunächst in gebotener Kürze den Inhalt bzw. die Argumentation des päpstlichen Rundschreibens zusammenfassen, um mich dann in der Hauptsache auf einen Punkt zu konzentrieren, der für Christen von grundsätzlicher Bedeutung und Interesse ist, nämlich auf die Frage: Welche Auswirkungen hat die Sünde auf unser Denken? In Epheserbrief 4,18 spricht Paulus davon, dass die Vernunft der Heiden, und damit des sogenannt natürlichen Menschen, „verfinstert" sei. Wo sich Folgen der „Verfinsterung" des philosophischen Denkens aufzeigen lassen, möchte ich anhand der Reduktionismuskritik des niederländischen Philosophen Herman Dooyeweerd darstellen.

1. Zusammenfassende Darstellung der Enzyklika

Die Enzyklika umfasst, inklusive einer Einleitung und einem Schlusswort, 108 Abschnitte, die in sieben Kapitel zusammengefasst sind. Vom Umfang her entspricht der Text einem Buch von gut 100 Seiten. Betrachtet man den Aufbau, dann lassen sich drei etwa gleich große Blöcke erkennen. Der erste Teil besteht aus den Kapiteln I–III. Der zweite aus den Kapiteln IV und V. Der dritte aus den Kapiteln VI und VII.

Die Einleitung setzt ein mit dem sokratischen Wort „Erkenne dich selbst!" als „Zeugnis für eine Grundwahrheit, die als Mindestregel von jedem Menschen angenommen werden muß, der sich innerhalb der ganzen Schöpfung gerade dadurch als ‚Mensch' auszeichnen will, dass er sich selbst erkennt" (FR 1). Dieses Wort differenziert sich in die Fragen: „Wer bin ich? Woher komme ich und wohin gehe ich? Warum gibt es das Böse? Was wird nach diesem Leben sein?" Ein Hinweis darauf, dass diese Fragen alle Menschen angehen, ist darin zu finden, dass sich diese Fragen in allen Schriften der Religionen finden, einschließlich der Schriften Israels: „Es sind Fragen, die ihren gemeinsamen Ursprung in der Suche nach Sinn haben, die dem Menschen seit jeher auf der Seele brennt: von der Antwort auf diese Fragen hängt in der Tat die Richtung ab, die das Dasein prägen soll" (FR 1).

An dieser Stelle spielt die Kirche eine zentrale Rolle, da sie „die letzte Wahrheit über das Leben des Menschen als Geschenk empfangen hat" (FR 2). Sie steht im Dienst dessen, der gesagt hat: *„Ich bin der Weg, die Wahrheit und das Leben"* (Joh 14,6). Der Dienst an der (als Gabe empfangenen) Wahrheit ist für die Kirche eine ihr auferlegte Verpflichtung, der sie sich nicht entziehen darf. Dies ist ihr Verkündigungsauftrag.

Zugleich gilt, dass die Philosophie, indem sie nach universaler Erkenntnis strebt, unter dem Anspruch steht, „die letzte Wahrheit über das Dasein zu entdecken“ (FR 4). So hat das philosophische Denken, weil es sich als spekulatives Denken auf die Erfassung der ersten und allgemeinsten Prinzipien des Seins richtet, einen gewissen Primat gegenüber den übrigen Denkweisen.

Somit stellt sich die Frage, wie die als Geschenk empfangene letzte Wahrheit der Kirche sich zu den Erkenntnissen der Philosophie verhält. Im Prinzip sieht der Papst an dieser Stelle keinen Widerspruch, denn die Kirche „sieht in der Philosophie den Weg, die Grundwahrheiten zu erkennen, welche die Existenz des Menschen betreffen“ (FR 5). Philosophie ist die „unverzichtbare Hilfe, um das Glaubensverständnis zu vertiefen und die Wahrheit des Evangeliums allen, die sie noch nicht kennen, mitzuteilen“ (FR 5).

Es ist die Überzeugung des Papstes, dass die Philosophie, solange sie von der Suche nach der „letzten Wahrheit“ motiviert und geleitet wird, nicht nur die Grundlagen des menschlichen Daseins entdeckt und erhellt, sondern letztlich auch zum Verständnis und zur Verbreitung des Evangeliums von Jesus Christus beiträgt. Im Umkehrschluss: Wenn die Philosophie nicht mehr auf die „letzte Wahrheit“ aus ist, schadet sie nicht nur sich selbst, sondern erschwert letztlich auch die Verkündigung des Evangeliums.

Die Kritik des Papstes an der Philosophie setzt nun mit der Feststellung – oder dem Vorwurf – ein, die moderne Philosophie habe den sie leitenden Pol „letzte Wahrheit“ aus dem Auge verloren und sich allen möglichen anderen menschlichen Fragen und Problemen zugewandt. Die Philosophie wurde „von Tag zu Tag unfähiger, den Blick nach oben zu erheben, um das Wagnis einzugehen, zur Wahrheit des Seins zu gelangen. […] Anstatt von der dem Menschen eigenen Fähigkeit zur Wahrheitserkenntnis Gebrauch zu machen, hat sie es vorgezogen, deren Grenzen und Bedingtheiten herauszustellen“ (FR 5). Das moderne philosophische Denken ist von einem „Mißtrauen gegenüber der Wahrheit“ erfasst, welches zu Agnostizismus, Relativismus und Skeptizismus geführt habe. „Die legitime Pluralität der Denkpositionen ist einem indifferenten Pluralismus gewichen, der auf der Annahme beruht, alle Denkpositionen seien gleichwertig“ (FR 5).

An diesem Punkt, so der Papst, ist die Kirche herausgefordert. „Ausgestattet mit der Kompetenz, die ihr als Verwahrerin der Offenbarung Jesu Christi erwächst, will nun die Kirche die Notwendigkeit des Nachdenkens über die Wahrheit neu bekräftigen“ (FR 6). Der Papst will also keineswegs die Philosophie bekämpfen. Ganz im Gegenteil – er will sie zur Ordnung rufen. Zu ihrer eigenen Ordnung. Und damit weg vom Irrtum hin zur Wahrheit – zurück zur Wahrheit, müßte man sagen. Wenn das geschieht, entspricht dies dem ureigenen Interesse der Kirche. Damit ist die Grundintention der Enzyklika knapp umrissen.

Der erste Teil der Enzyklika ist dabei stark theologisch geprägt, einmal in dem Sinne, dass aus der Heiligen Schrift vielfach und vielfältig zitiert wird. Dann auch im Sinne der Anknüpfung an die Grundaussagen der katholischen Lehrtradition, insbesondere an das Konzil von Trient, das I. und das II. Vaticanum. Das Stichwort lautet hier: Offenbarung der Weisheit Gottes. Im Hinblick auf die Offenbarung Gottes steht die Vernunft vor einem Geheimnis, welches sie zu respektieren hat. Im Anschluss an die Weisheitsliteratur des Alten Testaments wird dann betont, dass die Furcht des Herrn die Voraussetzung dafür ist, wahre Weisheit zu erwerben. Die Gegenbewegung vom Menschen zu Gott hin wird durch die Areopagrede des Apostels Paulus skizziert, in der gezeigt wird, wie der Mensch auf der Suche nach Sinn und nach Wahrheit unterwegs ist.

Im zweiten Argumentationsblock (Kap. 4 und 5) wird das Verhältnis von Glaube und Vernunft, von „fides“ und „ratio“, ins Auge gefasst. Zunächst zeichnet der Papst die historische Entwicklung dieses Verhältnisses nach, so wie es sich aus seiner Sicht darstellt. Er spricht von „bedeutsamen Schritten der Begegnung zwischen Glaube und Vernunft“ und folgt dabei dem Schema von Aufstieg und Verfall. Von Anfang an gab es eine fruchtbare Auseinandersetzung zwischen der christlichen Theologie und der Philosophie. Dieser Prozess der fortschreitenden Reinigung der Philosophie von heidnischen Elementen kulminiert im Hochmittelalter in der großen Synthese des Thomas von Aquin, der zufolge der übernatürliche Glaube die natürliche Vernunft erleuchtet, welche dann wiederum zum besseren Verstehen der göttlichen Offenbarung beiträgt (FR 43). Zusammengefasst in der Sentenz: Die Gnade setzt die Natur voraus und vervollkommnet sie. Hier ist, nach dem Urteil des Papstes, die synthetische Einheit von Glaube und Vernunft auf vorbildliche Weise erreicht.

Wie hoch der Papst die Leistung des Aquinaten veranschlagt, erkennt man daran, wie nun die weitere Philosophiegeschichte dargestellt wird, nämlich als „das Drama der Trennung zwischen Glaube und Vernunft“ (FR 45). „Infolge des Vorherrschens eines übertriebenen rationalistischen Geistes bei einigen Denkern wurden die Denkpositionen radikalisiert, bis man tatsächlich bei einer getrennten und gegenüber den Glaubensinhalten absolut autonomen Philosophie anlangte“ (FR 45). Nun heißt es: Vernunft gegen Glaube. Es ist ein langanhaltender Abstieg, der bereits im 14. Jahrhundert einsetzt und das Verhältnis von Glaube und Vernunft prägt. Den Tiefpunkt dieser Entwicklung bildet der moderne Nihilismus.

Überblickt man also die knapp 2000-jährige Geschichte der Begegnung von Glaube und Vernunft, so ergibt sich, in der Darstellung der Enzyklika, ein positiver, aufsteigender Ast der immer größeren Annäherung von christlichem Glauben und philosophischem Denken. Der Gipfelpunkt wird in der Theologie des Thomas von Aquin erreicht (13. Jahrhundert). Dann kommt es zu einer Trennung, und es geht unaufhaltsam bergab.

Möglicherweise hat der Papst dieses Schema von Aufstieg und Verfall bewusst gewählt, um die Dringlichkeit der Neubelebung einer, ich sage mal, christlichen Philosophie zu betonen. Zu dem verwendeten Schema wäre sehr viel Kritisches zu sagen, was ich hier nicht tun will. Implizit werden etwa das Phänomen der Reformation und das von ihr inspirierte Denken zur Verfallsgeschichte gerechnet. Es ist außerdem die Frage, ob der Auslöser für den sogenannten Verfall ausschließlich bzw. vorwiegend bei den Philosophen zu suchen ist. Man kann mit guten Gründen die These vertreten, dass das „Drama der Trennung“ bereits in der Synthese des Thomas von Aquin selbst angelegt war. Aber das soll nicht mein Thema sein.

Der dritte Komplex (Kap. 6 und 7) blickt auf die Gegenwart und zeichnet in großen Linien nach, wie sich für den Papst die heutige Wechselwirkung zwischen Theologie und Philosophie darstellt. Das ergibt ein einigermaßen deprimierendes Bild. Die philosophische Bühne wird in unseren Tagen bevölkert von allerlei Ismus-Philosophien: Eklektizismus, Historizismus, Modernismus, Szientismus, Pragmatismus, Nihilismus, Postmodernismus (FR 85–91). Der Zustand der Philosophie spiegelt in dieser Aufzählung die derzeitige Situation einer Welt wider, die in einer „Sinnkrise“ verkehrt, welche allgemein durch die Bruchstückhaftigkeit des Wissens gekennzeichnet ist (FR 81). Solange diese Fragmentierung bestehen bleibt, wird die Philosophie nicht in der Lage sein, das zu tun, wozu sie letztlich berufen ist, nämlich „das empirisch Gegebene zu transzendieren, um bei ihrer Suche nach der Wahrheit zu etwas Absolutem, Letztem und Grundlegendem zu gelangen“ (FR 83). Deshalb erhebt der Papst die Forderung nach einer Philosophie von „wahrhaft metaphysischer Tragweite“ (FR 83), wobei er nicht auf eine bestimmte philosophische Schule abzielt, sondern eine philosophische Einstellung meint, die offen ist dafür, dass „die Wirklichkeit und die Wahrheit das Tatsächliche und Empirische übersteigen“ (FR 83).

Im Schlussteil seiner Enzyklika betont der Papst noch einmal den Gewinn, der sich aus einer fruchtbaren Zusammenarbeit zwischen Theologen und Philosophen ergebe, wobei er der christlichen Philosophie eine gewisse Sonderfunktion hinsichtlich des Missionsauftrages der Kirche zuzuschreiben scheint, wenn er schreibt: „Das philosophische Denken ist oft das einzige Terrain für Verständigung und Dialog mit denen, die unseren Glauben nicht teilen“ (FR 104). Unter christlicher Philosophie versteht der Papst „eine in lebendiger Verbundenheit mit dem Glauben konzipierte philosophische Spekulation“ (FR 76); also mehr als nur ein Denken, welches nicht im Widerspruch zum christlichen Glauben steht.

Soweit meine zusammenfassende Wiedergabe der päpstlichen Enzyklika. Es ist fair festzustellen, dass es sich bei dieser nicht um einen philosophischen Text handelt. Der Papst spricht mehrfach davon, dass er nicht eine bestimmte kirchliche Philosophie favorisiert oder gar eine Bevormundung der philosophischen Arbeit anstrebt, vielmehr soll die Philosophie ihren eigenen Regeln und Gesetzen ungehindert folgen. Es geht ihm darum, die Autonomie der Philosophie zu wahren, denn dann erst kann diese ihrer wahren Bestimmung gerecht werden, nämlich nach Weisheit streben. Autonomie in diesem Sinne bedeutet also keineswegs willkürliche Selbstbestimmung, sondern so etwas wie die Entfaltung des inneren Wesens einer Sache. Immer wieder unterstreicht der Papst seine Überzeugung, dass das philosophische Denken von einem tiefen, dem Menschen angeborenen Wahrheitsimpuls gespeist wird. Dieser nicht zu unterdrückende Wahrheitsimpuls manifestiert sich in der unabweisbaren Suche nach dem Sinn des Lebens. Einem Großteil der modernen Philosophie macht der Papst zum Vorwurf, dass sie gerade den Begriff der Wahrheit relativiert, ja desavouiert habe und damit die Sinnfrage verdunkelt und verstellt.

Als Christ kann man, denke ich, nicht anders, als diese pastorale Sorge des Papstes teilen. Darum ist sein Plädoyer für eine, wie er es nennt, metaphysische Spekulation, d. h. für ein philosophisches Denken, das den Mut hat, die Grenzen der Immanenz zu überschreiten und sich dem Transzendenten zu öffnen, berechtigt. Es erfordert auch einigen Mut, in einer Zeit, in welcher das akademische Denken weitgehend vom Geist des Immanentismus und Pluralismus dominiert wird, den Philosophen solche grundsätzlichen Forderungen ins Stammbuch zu schreiben. Der Papst hat sich seinerzeit mit dieser Enzyklika nicht nur Freunde gemacht, auch in seiner eigenen Kirche nicht.

In der Tat kann man im Detail die Ausführungen des Papstes zur Philosophie und Philosophiegeschichte an vielen Stellen kritisch sehen. Vielleicht ist es aber nicht billig, diese Art von kritischen Fragen zu stellen an einen Text, der eben keine wissenschaftliche Schrift, sondern nach eigenem Anspruch einen seelsorgerlichen Brief des Papstes an seine Bischöfe darstellt. Ich möchte mich daher einigen Fragen zuwenden, die für bibeltreue Christen von grundsätzlichem und allgemeinem Interesse sind.

2. Glaube – reformatorisch gesehen

Ein Punkt, über den ich mir Aufschluss gewünscht hätte, betrifft das Verhältnis der beiden Begriffspaare „Glaube und Vernunft“ einerseits und „Theologie und Philosophie“ andererseits. In der Enzyklika scheint sich das Thema „Glaube und Vernunft“ unversehens in das von „Theologie und Philosophie“ zu verwandeln. Es klingt, als wäre die Theologie mit dem Glauben identisch und die Philosophie mit Vernunft. Dies ist meiner Ansicht nach aber ein Kategorienfehler, d. h., es werden „Äpfel mit Birnen“ verglichen. Sowohl Philosophie als auch Theologie sind Wissenschaften, d. h. reflexive Aktivitäten. Und beide haben es mit Glauben zu tun, d. h. mit tiefen Überzeugungen (commitments), die selber nicht mehr rational begründbar sind. Aber auf dieses Problem weise ich nur hin, ohne jetzt weiter darauf einzugehen.

Eingehen möchte ich jedoch auf einen Aspekt, der im Titel der Enzyklika angezeigt wird: Fides et ratio, Glaube und Vernunft. Dieser griffige Titel, der ja an eine weitverbreitete Ausdrucksweise anknüpft, suggeriert einen Gegensatz, der so in meiner Sicht gar nicht besteht. Der amerikanische Philosoph Alvin Plantinga ist nur einer von vielen, deren Lebenswerk darauf gerichtet ist, zu zeigen, dass der Glaube eine legitime Erkenntnisweise unter anderen legitimen Erkenntnisweisen ist. Man denke hier auch an den christlichen Denker Blaise Pascal, der von der Erkenntnis des Herzens spricht. Hier hätte ich mir vom Papst eine deutlichere Analyse gewünscht.

Der Papst scheint die thomistische bzw. neothomistische Auffassung von „Glaube“ zu vertreten, wonach Glaube als ein von der Vernunft verschiedenes Vermögen aufzufassen ist. Aufgrund dieses speziellen Vermögens wird der Mensch überhaupt erst in die Lage versetzt, an die übernatürliche Offenbarung zu glauben. Als diese besondere Gabe ist der Glaube also nicht eine allen Menschen zukommende Fähigkeit, sondern eine, die eben nur den Empfängern des Glaubens zuteilwird. Glaube ist eine spezielle Gabe Gottes, ein *donum superadditum*. Glaube ist demnach eine unserem natürlichen Erkenntnisvermögen hinzugefügte Befähigung, wodurch wir erst in die Lage versetzt werden, die göttliche Wahrheit zu verstehen; folglich ist Glaube von unserer Vernunft grundsätzlich verschieden. Dann liegt etwa der Titel „Fides et ratio“, Glaube und Vernunft, auf der Hand. Diese Sicht der Dinge scheint auch der Papst zu vertreten: „Die Philosophie und die Wissenschaften bewegen sich im Bereich der natürlichen Vernunft, während der vom Geist erleuchtete und geleitete Glaube in der Heilsbotschaft die ‚Fülle von Gnade und Wahrheit‘ erkennt“ (FR 9).

Nach reformierter, ich kann auch sagen: nach reformatorischer Auffassung, stellt sich die Sache etwas anders dar. Die Reformatoren, vor allem Johannes Calvin, haben den Begriff „Glauben“ meist anders verstanden. Glauben ist zunächst eine allgemein-menschliche Fähigkeit, in dem Sinne, dass jeder Mensch sein Herz an etwas hängt, das ihm dann sein Gott ist (Luther). Das Objekt des Glaubens kann alles Mögliche sein; entscheidend ist für den Glauben, dass dieses Objekt absolut gesetzt wird. So gesehen ist Unglaube nicht die Abwesenheit eines Vermögens zu glauben, vielmehr ist Unglaube der Glaube an etwas anderes als an den wahren Gott. Die Gnade Gottes, so die Reformatoren, fügt nicht unserem natürlichen Sein noch eine uns von Natur aus fehlende Glaubensbegabung hinzu, sondern erneuert unsere Fähigkeit zu glauben, indem sie unser Herz auf das richtige Objekt richtet, nämlich auf den wahren Gott. Für die Reformatoren lautet die entscheidende Frage nicht, ob jemand glaubt oder nicht glaubt, die Frage ist vielmehr, woran jemand glaubt. Die Erlösungsgnade Gottes schafft nicht in uns die Fähigkeit des Glauben-Könnens – Glauben-Können ist eine allen Menschen gemeinsame Schöpfungsgabe –, die Gnade lässt uns vielmehr unseren falschen Glauben, unseren Götzenglauben, sehen und befreit uns davon, so dass wir unser ganzes Sein, unser Leben, dem wahren Gott zuwenden. Glauben ist Umdenken und Umkehren, Bekehrung.

Die Reformatoren, und ich beziehe mich vor allem auf Calvin, haben also den christlichen Glauben nicht so verstanden, als stünde er im Gegensatz zur Vernunft – als sei Glauben etwas Irrationales, dem das Prädikat „erkennen“ nicht zukomme.

In einem Abschnitt seiner Institutio[2] mit der Überschrift „Vom Glauben, seinem Wesen und seinen Eigenschaften“ schreibt Calvin: „Heißt das denn noch Glauben, wenn man keinerlei Erkenntnis hat und seinen Sinn bloß gehorsam der Kirche unterwirft? Nein, der Glaube ruht nicht auf Unwissenheit, sondern auf Erkenntnis; und zwar handelt es sich dabei nicht nur um die Erkenntnis Gottes, sondern auch um die des göttlichen Willens“ (Inst. III,2,2). „Jetzt sind wir soweit, daß wir eine richtige Beschreibung vom Wesen des Glaubens geben können; wir müssen sagen: er ist die feste und gewisse Erkenntnis des göttlichen Wohlwollens gegen uns, die sich auf die Wahrheit der uns in Christus dargebotenen Gnadenverheißung stützt und durch den Heiligen Geist unserem Verstand geoffenbart und in unserem Herzen versiegelt wird“ (Inst. III,2,7).

---

[2] Johannes Calvin, *Institutio christianae religionis*, dt.: Unterricht in der christlichen Religion, Übersetzung Otto Weber, Neukirchener Verlag, 1955.

Es fällt auf, wie oft in dieser Abhandlung Calvins das Wort „Erkenntnis“ verwendet wird.

Der niederländische Philosoph Herman Dooyeweerd, der eine reformierte Philosophie entwickelt hat, in welcher er den von Calvin ausgezogenen Linien folgt, wendet sich ebenfalls gegen die Vorstellung, der Glaube an die Offenbarung Gottes sei das Ergebnis eines von unserer Vernunft verschiedenen bzw. ihr entgegenstehenden Vermögens. Vielmehr ist der christliche Glaube das Resultat einer Bekehrung der Vernunft selber. Wenn das Denken umkehrt, erkennt es und anerkennt es die Wahrheit der Offenbarung Gottes. Die Vernunft spricht gleichsam: Ich war blind, aber nun sehe ich.

Mit anderen Worten: Von der Wahrheit des Wortes Gottes kann die Vernunft durch rationale Argumentation und Beweise allein nicht überzeugt werden, aber wenn die Umkehr der Vernunft, das Umdenken, die Metanoia, sich vollzieht und die Vernunft Gottes Wahrheit erkennt, dann hat dies nichts mit Irrationalität oder Vernunftwidrigkeit zu tun. Nein, dann ist der Glaube zutiefst vernunftgemäß. Der Glaube ist dann eine feste und gewisse Erkenntnis.

Die Umkehr der Vernunft wiederum ist die Folge des Wirkens des Geistes Gottes im Herzen eines Menschen, denn das Herz ist gleichsam das Zentrum des Menschen, das Cockpit, die Kommandobrücke. Wenn der Geist Gottes das Herz erneuert, hat dies Auswirkungen in alle Bereiches unseres Lebens hinein, eben auch Auswirkung auf unser Denken.

3. Vernunft und Sünde

Damit taucht die Frage auf nach dem Wesen unserer Vernunft im Hinblick auf unser geschöpfliches Sein und in Zusammenhang damit nach den Auswirkungen der Sünde auf unsere Vernunft. Um die Enzyklika in dieser Hinsicht zu verstehen, muss man unterscheiden zwischen der Vernunft, wie sie eigentlich funktionieren sollte, und der Vernunft, wie sie aufgrund des Einflusses der Sünde tatsächlich funktioniert. Man kann noch eine dritte Unterscheidung treffen, nämlich die der durch die Erlösung Christi erneuerten Vernunft. Alle diese unterschiedlichen Aspekte finden sich in der Enzyklika wieder, ohne dass sie allerdings deutlich voneinander abgegrenzt werden. Wenn der Papst daher die Vernunft als Schöpfungsgabe vor Augen hat, dann klingen seine Ausführungen vielleicht übertrieben optimistisch und extrem zuversichtlich. Etwa in FR 23: „Die Philosophie [ist] von sich aus in der Lage [...], die unablässige Selbsttranszendierung des Menschen auf die Wahrheit hin zu erkennen [...].“ Oder wenn in FR 82 die Rede ist von der „Fähigkeit des Menschen, zur Erkenntnis der Wahrheit zu gelangen; eine Erkenntnis übrigens, die zur objektiven Wahrheit gelangt durch jene adaequatio rei et intellectus, auf die sich die Gelehrten der Scholastik beziehen“. Oder FR 25: „Mit Recht gilt ein Mensch dann als erwachsen, wenn er mit eigenen Mitteln zwischen wahr und falsch unterscheiden kann, indem sich über die objektive Wirklichkeit der Dinge sein Urteil bildet.“ Oder FR 28: „Man kann also den Menschen als den definieren, der nach der Wahrheit sucht.“ Dies ist also die Vernunfttätigkeit, wie sie der ursprünglichen Absicht des Schöpfers entspricht.

Meint der Papst allerdings die durch die Sünde angetastete Vernunft, dann ist seine Darstellung realistisch und kritisch. So heißt es im gleichen Paragrafen (FR 28): „Die Wahrheitssuche stellt sich zugegebenermaßen nicht immer mit solcher Transparenz und Folgerichtigkeit dar. Die angeborene Begrenztheit der Vernunft und die Unbeständigkeit des Herzens trüben oft die persönliche Suche und lenken sie ab. Verschiedenartige Interessen können die Wahrheit unterdrücken.“ FR 22: „[…] im ursprünglichen Schöpfungsplan [war] die Fähigkeit der Vernunft vorgesehen, die Sinnenwelt mit Leichtigkeit zu übersteigen, um zum eigentlichen Ursprung von allem zu gelangen: dem Schöpfer. Infolge des Ungehorsams, durch den sich der Mensch die volle und absolute Unabhängigkeit gegenüber dem Schöpfer erwirken wollte, ist diese Leichtigkeit des Aufstiegs zum Schöpfergott verloren gegangen.“ Und weiter: „Die Augen des Verstandes waren nun nicht mehr in der Lage, klar zu sehen: Die Vernunft wurde zunehmend zur Gefangenen ihrer selbst.“ Und in FR 51 wird gesprochen vom „[…] Werk einer von der Sünde verletzten und geschwächten menschlichen Vernunft […].“ Hier stellt sich für uns die Frage nach Ausmaß und Folgen dieser „Schwächung“.

Letztlich plädiert der Papst in seiner Enzyklika dafür, dass die gefangene und geschwächte Vernunft sich durch den Glauben an Christus befreien lässt und wieder zum wahren Dienst an der Wahrheit erstarkt. FR 20: „[…] der Glaube [befreit] die Vernunft, da er ihr ermöglicht, ihren Gegenstand konsequent zu erreichen und ihn in jene höchste Ordnung zu stellen, in der alles seine Sinnhaftigkeit erlangt.“ Hier gilt dann das Wort des Apostel Paulus, wonach die befreite Vernunft nun *„jeden Gedanken in den Gehorsam gegen Christus gefangenführt“* (2 Kor 10,5).

Es ist wichtig, bei der Lektüre der Enzyklika obige Unterscheidungen im Auge zu behalten, sonst erscheint die Position des Papstes manchmal in sich widersprüchlich, wenn in ein und demselben Satz unterschiedliche Bedeutungen von Vernunft verwendet werden.

Ich will noch ein Wort sagen zum Begriff der „verletzten und geschwächten" Vernunft, indem ich diesen mit einigen Aussagen der Bibel und des Reformators Calvin konfrontiere. Eine geschwächte Vernunft ist ja offensichtlich eine, die durchaus auf der Suche ist nach der Wahrheit, der göttlichen Wahrheit, aber durch gewisse Imponderabilien in ihrem Vorhaben behindert wird. Frei nach dem Motto: Die Vernunft ist willig, ja gutwillig, aber das Fleisch ist schwach.

1 Kor 2,14: *„Ein natürlicher Mensch aber nimmt die Dinge, die des Geistes Gottes sind, nicht an; denn Torheit sind sie ihm, und er kann sie nicht erkennen, weil sie geistlich beurteilt werden müssen."*

2 Kor 4,4: *„Der Gott dieser Welt hat die Gedanken der Ungläubigen verblendet, damit sie nicht schauen könnten die Erleuchtung durch das Evangelium von der Herrlichkeit Christi, der das Ebenbild Gottes ist."*

Eph 2,1: *„Ihr wart einst tot durch eure Übertretungen und eure Sünden."*

Joh 6,44: *„Niemand kann zu mir kommen, es ziehe ihn denn der Vater, der mich gesandt hat."*

Die Apostelgeschichte enthält die sogenannte Areopagrede des Paulus, in der er eine Diskussion führt mit epikureischen und stoischen Philosophen. Am Schluss heißt es: *„Als sie aber von der Auferstehung der Toten hörten, spotteten die einen, die anderen sagten: Wir wollen dich darüber ein anderes Mal wieder hören."* (Apg 17,32) Die natürliche Vernunft spottet über das Wort von der Auferstehung wie über das Wort vom Kreuz (vgl. 1 Kor 1,18–31).

Mt 23,37: *„Jerusalem, Jerusalem, das die Propheten tötet und steinigt, die zu ihm gesandt sind, wie oft habe ich deine Kinder sammeln wollen, wie eine Henne ihre Küken unter ihre Flügel, aber ihr habt nicht gewollt."* Nicht gewollt!

Röm 1,18 ff.: *„Denn es offenbart sich der Zorn Gottes vom Himmel her über alle Gottlosigkeit und Ungerechtigkeit der Menschen, die die Wahrheit in Ungerechtigkeit aufhalten, weil das, was man von Gott erkennen kann, unter ihnen offenbar ist; denn Gott hat es ihnen geoffenbart. Sein unsichtbares Wesen, das ist seine Kraft und Gottheit, ist ja seit Erschaffung der Welt, wenn man es in den Werken betrachtet, deutlich zu ersehen, damit sie keine Entschuldigung haben, deshalb, weil sie Gott zwar kannten, ihm aber als Gott nicht Ehre oder Dank erwiesen, sondern in ihren Gedanken in eitlen Wahn verfielen und ihr unverständiges Herz verfinstert wurde,. Während sie vorgaben, weise zu sein, wurden sie zu Toren."*

Genügt es angesichts dieser massiven biblischen Aussagen, bloß von einer „geschwächten“ Vernunft zu sprechen? Geht der Schaden der Sünde nicht noch tiefer? Während der Papst schreibt, die Vernunft sei zwar verletzt und geschwächt, sei aber von sich aus immer noch in der Lage, die Wahrheit zu erkennen, bezeichnen die biblischen Autoren unsere Vernunft als „tot“, „verfinstert“ und „unfähig, die Wahrheit zu erkennen“. Wo der Papst davon redet, die Augen des Verstandes seien nicht mehr in der Lage, klar zu sehen, spricht die Bibel von der Blindheit unseres Verstandes.

Auf der gleichen Linie liegt der Reformator Calvin: „Jetzt wollen wir auseinandersetzen, was die menschliche Vernunft vermag, wenn es sich um das Reich Gottes und die geistliche Einsicht handelt. [...]. [Hier] sind selbst die sonst gescheitesten Menschen blinder als die Maulwürfe. [...] Die eigentliche Wahrheit wäre es doch, daß wir begriffen, wer der wahre Gott ist und wie er sich zu uns verhalten will – aber dahin kann unsere Vernunft eben nicht gelangen, dahin kann sie nicht dringen, ja nicht einmal sich ausrichten“ (Inst. II,2,18).

Die biblische und reformatorische Sicht der Auswirkungen der Sünde auf unsere Vernunft ist doch radikaler als die Auffassung, die in der Enzyklika präsentiert wird. Calvin schreibt, die Vernunft könne sich auf die göttliche Wahrheit nicht einmal ausrichten. Warum nicht? Ist dies lediglich auf einen Schwächeanfall oder einen Schwächezustand zurückzuführen? Nein, die Vernunft ist durchaus kraftvoll und zu Spitzenleistungen im Stande – aber sobald es sich um die Offenbarung Gottes handelt, ist sie blind. Was verursacht nun diese Blindheit?

Dazu werfe ich noch einmal einen Blick auf den Abschnitt Römerbrief 1,18 ff. Wir lesen dort, dass der Mensch, obwohl er gewisse Aspekte der göttlichen Offenbarung besitzt, diese Wahrheit sofort in Ungerechtigkeit unterdrückt. Es findet gleichsam simultan mit dem Aufleuchten der göttlichen Wahrheit – (ein Bild, das auch Calvin gebraucht – Aufleuchten des Blitzes) – ein Verdrängungsprozess statt (*„die Wahrheit wird in Ungerechtigkeit niedergehalten“*). Wegen der Offenbarung ist der Mensch unentschuldbar, schreibt Paulus; wegen der Verdrängung wird er blind. Aber die Folge dieser Verdrängung wird von Paulus näher erläutert – ein Aspekt, der für eine reformierte Sicht wichtig ist, aber in der Enzyklika kaum vorkommt. Die Verdrängung führt nämlich zu einer Ersetzung: *„Während sie vorgaben, weise zu sein, wurden sie zu Toren und vertauschten die Erhabenheit des unvergänglichen Gottes mit Bild und Gestalt von vergänglichen Menschen und Vögeln und vierfüßigen und kriechenden Tieren. Daher gab sie Gott in den Gelüsten ihrer Herzen dahin ...“* (Röm 1, 22–24).

Das Bild, welches Paulus von den Folgen der Sünde zeichnet, ist nicht das von Menschen, die aufrichtig und leidenschaftlich auf der Suche nach Gott sind, aber leider aufgrund einer intellektuellen Schwäche nicht ans Ziel kommen bzw. darin nur teilweise erfolgreich sind. Das Bild ist vielmehr das von Menschen, die Gott gar nicht suchen, weil sie an die Stelle Gottes einen anderen Gott, d. h. einen Götzen, platziert haben. Die Stelle Gottes bleibt eben nicht leer, sondern wird sofort besetzt. Paulus spricht von Bild und Gestalt von Menschen oder Tieren; damit zielt er natürlich auf Götterbilder und Statuen seiner Zeit. Die Bilder und Gestalten können aber auch feiner, subtiler, intellektueller Art sein. In dieser Hinsicht nun legt der Mensch offensichtlich eine erstaunliche Fähigkeit und Kreativität an den Tag. Calvin bezeichnet den Menschen darum als „fabrica idolorum", als Idolenfabrik. An der Herstellung von Idolen ist auch die Vernunft beteiligt; sie kann dabei sogar gute Dienste leisten. Aber der Impuls und die Motivation für den Verdrängungs- und Ersetzungsprozess kommen woanders her, nämlich aus den Tiefen des menschlichen Herzens.

Hier kann ich wieder anschließen an das, was ich vorher über die Stellung des Herzens als Mitte des Menschen, als Schaltzentrale allen menschlichen Verlangens und aller Aktivitäten gesagt habe. In den Tiefen des Herzens vollzieht sich das, was die Bibel Wiedergeburt nennt: Dem analytischen Denken nicht fassbar transformiert der Geist Gottes das Herz eines Menschen – und damit werden all unsere Fähigkeiten und unser Vermögen in den neuen Dienst an Gott gestellt. Diese Transformation bewirkt, dass Gott in unserem Leben seinen ihm gebührenden Platz als Gott einnimmt. Gott kommt – der Götze muss gehen. Dann, und erst dann, ist auch die Vernunft frei, sich auf Gott auszurichten und die göttlichen Dinge zu bedenken – aber nicht nur die göttlichen Dinge, auch die natürlichen Dinge. Die ganze Breite unserer Erfahrungswirklichkeit wird zum Gegenstand eines Denkens, das sich an den Grundwahrheiten der göttlichen Offenbarung orientiert.

4. Grundzüge einer reformierten Philosophie

Damit sind wir bei der vom Papst aufgestellten Forderung nach einer christlichen Philosophie angelangt. Einer, der sich dieser Aufgabe angenommen hat, ist der niederländische Philosoph Herman Dooyeweerd.[3] Nicht, dass seine Philosophie der Weisheit letzter Schluss wäre, keineswegs; das widerspricht seinem

[3] Siehe u.a. Herman Dooyeweerd, *A New Critique of Theoretical Thought*, Amsterdam, 1953–58.

eigenen Selbstverständnis. Aber er ist einer der wenigen, die eine von biblischen Eckpunkten bestimmte philosophische Gesamtschau unserer Schöpfungswirklichkeit entwickelt haben – eine wahre Herkulesaufgabe. Dooyeweerd hat sich u. a. auch die Frage gestellt, wie die biblische Aussage der von der Sünde verfinsterten Vernunft sich im wissenschaftlichen Denken manifestiert. Gibt es dort Phänomene, die diesen Sachverhalt bestätigen? Ich finde diese Fragestellung beachtlich. Es ist von christlichen Denkern oft und viel über das Thema Sünde geschrieben worden, vor allem hat man dabei allerlei konkrete, dramatische Erscheinungsformen der Sünde und des Bösen dargestellt, aber die Thematik „Theoretisches Denken und Sünde" zu bedenken, begegnet ziemlich selten. Wie geht nun Dooyeweerd vor? Ich muss mich leider bei der Darstellung auf ein paar ganz grobe Pinselstriche beschränken und will möglichst alle komplizierten Fachtermini vermeiden.

Dooyeweerd betrachtet die Wirklichkeit als einen kosmischen Strukturzusammenhang. Dieser Gedanke ist im Grunde so alt wie die Menschheit; man findet ihn sowohl bei den alten Religionen und Weltanschauungen des Ostens als auch in der antiken Philosophie. Bei Dooyeweerd steht natürlich im Hintergrund die Vorstellung einer Schöpfungsordnung. Gen 1: Gott schuf ein jegliches nach seiner Ordnung … und Gott sah, dass es gut war. Die Welt ist von Gott erschaffen, aber nicht als chaotische Wirklichkeit, sondern als eine, die in ihrem Sein von Normen und Ordnungsprinzipen gekennzeichnet ist. Diese Ordnungsstruktur macht – philosophisch formuliert – dass die Dinge so sind, wie sie sind. Es handelt sich bei Dooyeweerd um ein positives Verständnis von Ordnung, denn Normen haben eine konstitutive Funktion. Mit einem philosophischen Fachausdruck: Normen sind die Möglichkeitsbedingungen von Dingen und Ereignissen. Einfaches Beispiel aus unserer menschlichen Erfahrungswelt: Beim Schachspiel gelten bestimmte Regeln; diese Regeln sind aber nicht dazu da, das Schachspiel zu verhindern, im Gegenteil, sie ermöglichen erst das Schachspielen. Ohne Schachregeln – kein Schachspiel. Sie sind konstitutiv. Dass es Schachregeln gibt, bedeutet aber andererseits nicht, dass damit jedes Schachspiel in seinem Ablauf ein für allemal festgelegt wäre. Nein, jedes Schachspiel verläuft anders; der Ausgang ist offen. Diese Offenheit macht es ja gerade zu einem Spiel. Regeln sind also konstitutiv, aber nicht determinierend.

Genauso versteht Dooyeweerd die normative Ordnung, die unsere Schöpfungswirklichkeit aufweist: Konstitutiv – aber nicht determinierend. Die konstitutiven Normen unserer Wirklichkeit bezeichnet Dooyeweerd als Aspekte oder Modi. Unsere Welt, alle Dinge und Ereignisse in ihr weisen eine bestimmte Anzahl von Aspekten auf, die wiederum grundlegend sind für die verschiedenen Einzelwissenschaften; sie bilden die spezifische Forschungsperspektive der Fachwissenschaften. Beispiel: Baum. Wissenschaftler können einen Baum unter dem numerischen, zahlenmäßigen Aspekt betrachten, man kann Bäume zählen. Der Baum besteht aus Atomen und Molekülen und weist somit einen physikalischen und chemischen Aspekt auf. Der Baum wächst – das ist der biotische Aspekt. Der Baum gehört jemandem – der juristische Aspekt. Der Baum kann das Auge entzücken – der ästhetische Aspekt. Er hat einen Wert – das ist der ökonomische Aspekt. Der Baum kann sogar einem religiösen Zweck dienen – der Glaubensaspekt. Man kann den Baum in einem Gedicht besingen – der linguistische Aspekt. Dooyeweerd sprach von insgesamt 14 Aspekten. Andere haben noch innerhalb eines Aspekts unterschieden und wollten 15 Aspekte annehmen; aber das ist nicht von prinzipieller Bedeutung.

Alle diese Aspekte bilden einen großen Ordnungszusammenhang, der unsere Wirklichkeit strukturiert und konstituiert. Diese Ordnung, deren Urheber der Schöpfer ist, besagt, dass im Prinzip alle Aspekte gleichwertig sind und sie damit eine Selbständigkeit oder Souveränität gegenüber anderen Aspekten aufweisen. Dooyeweerd veranschaulicht diesen Sachverhalt am weißen Licht, welches durch ein Prisma in die unterschiedlichen Spektralfarben fällt. Alle Farben haben ihre Eigenheit und Eigenständigkeit gegenüber den anderen Farben, denn alle gehen sie aus dem einen Ursprung hervor. Wie gesagt, sind die Einzelwissenschaften verschiedene „Aspektwissenschaften“ mit grundsätzlich gleicher Legitimität und Daseinsberechtigung. In ihrer Gesamtheit entsprechen sie, bildhaft gesprochen, dem Farbspektrum, welches aus dem einen weißen Lichtstrahl entsteht.

Nun können zu verschiedenen Zeiten jeweils einzelne dieser Fachwissenschaften im Zentrum des Interesses stehen und eine dominante Vorrangstellung gegenüber anderen Wissenschaften beanspruchen. So kann etwa die Physik, aufgrund ihrer erstaunlichen Erfolge und technischen Anwendungsmöglichkeiten, als Modellwissenschaft angesehen werden, nach welcher sich alle anderen Wissenschaften zu richten haben, wenn sie als Wissenschaften überhaupt ernstgenommen werden wollen. Wir erleben dann etwa eine zunehmende Mathematisierung der übrigen Wissenschaften. Auch die Bibelforschung arbeitet ja inzwischen mit komplizierten Computermodellen. Dies kann so weit gehen, dass die gesamte Wirklichkeit unter wenigen oder gar unter einem einzigen Aspekt wahrgenommen und bewertet wird. Dann kann man Sätze hören wie „Eigentlich besteht alles nur aus Atomen“, „Eigentlich kann man den Glauben rein psychologisch erklären“, „Eigentlich ist alle Moral historisch bedingt“, „Eigentlich dreht sich alles nur ums Geld“, „Eigentlich ist all unser Handeln genetisch bestimmt“, „Eigentlich ist Gott nichts weiter als elektrische Entladungen im Gehirn“, „Eigentlich ist ...“ usw. Dies Wörtchen „eigentlich“ weist auf den Sachverhalt hin, dass ein Aspekt unserer Wirklichkeit aus dem integralen Zusammenhang herausgelöst wird, verabsolutiert wird, und alle anderen Aspekte gleichsam auf ihn allein zurückgeführt werden. Man nennt dieses Phänomen Reduktionismus. Reducere – zurückführen. Auch in der Philosophie kommen diese Reduktionismen vielfältig vor. Das sind die sogenannten Ismus-Philosophien, die auch der Papst in seiner Enzyklika aufzählt: Rationalismus, Empirismus, Idealismus, Materialismus, Historizismus, Solipsismus, Nihilismus, Modernismus, Evolutionismus, Szientismus usw.

Allen Ismen ist gemeinsam, dass sie auf der Verabsolutierung eines Aspektes unserer geschaffenen Wirklichkeit beruhen. Diese Verabsolutierung ist eine Art Vergöttlichung eines Teils der Schöpfung und damit eine Form jenes Ersetzungsmechanismus, von dem der Apostel Paulus in Röm 1,23 spricht. Dooyeweerd zufolge manifestiert sich die Sünde im Bereich des theoretischen Denkens in den vielfältigen reduktionistischen Verabsolutierungen. Die von ihm entwickelte Aspektenlehre ermöglicht es u. a., Reduktionismen in Philosophie und Wissenschaft auf die Spur zu kommen.

Solche, meist sehr wirkungsvollen, Reduktionismen sind jedoch nicht lediglich das obskure Werk einzelner Denker, sie sind in der Regel Ausdruck der Denkart und Weltanschauung einer ganzen Epoche. Dooyeweerd spricht von „Grundmotiven", von tiefliegenden Beweggründen. Damit meint er die unbewussten, nicht mehr hinterfragten Überzeugungen, die Menschen eines bestimmten Zeitalters gemeinsam sind und die, gleichsam hinterrücks, unser Denken und Handeln bestimmen. Solche Basisüberzeugungen prägen etwa unsere Vorstellung von dem, was „normal" ist, was also der allgemeinen Norm entspricht. Niemand kann sich der Wirksamkeit dieser Grundmotive entziehen. Sie manifestieren sich in dem, was Menschen letztlich für wünschenswert halten, eben ihre „höchsten" oder „letzten" Werte. Dooyeweerd bezeichnet darum die Grundmotive als „religiöse" Motive. Religiös meint in diesem Zusammenhang aber nicht die verschiedenen religiösen Systeme, mit denen sich z. B. die Religionswissenschaft beschäftigt. Religiös, wie Dooyeweerd den Ausdruck gebraucht, weist auf den allen Menschen innewohnenden unabweisbaren Impuls, sich auf ein irgendwie geartetes Absolutes zu beziehen und sich von daher zu definieren.

In der Soziologie hat sich für diesen Tatbestand der Begriff „Plausibilitätsstruktur" einer Gesellschaft eingebürgert. Diese Problematik wurde natürlich auch in der Philosophie oft bedacht. Man denke etwa an Martin Heideggers Begriff der „Grundworte", an das Wort „Freiheit" als einem Grundwort der Moderne, oder an Hans-Georg Gadamers Definition von „Vorurteil" bzw. Vorurteilsstruktur. Der Philosoph Hegel hat, wieder aus einer anderen Perspektive, vom Geist einer

Zeit gesprochen, vom Zeitgeist. Dooyeweerd diskutiert diesen Sachverhalt unter dem Ausdruck „Grundmotive“, und natürlich unterscheidet sich seine Analyse erheblich von der anderer Philosophen.

Ein gravierender Unterschied liegt schon darin, dass er von einem „christlichen Grundmotiv“ gegenüber den übrigen Grundmotiven spricht. Das christliche Grundmotiv deutet er an mit der Begriffstrias „Schöpfung, Sündenfall, Erlösung“. Damit meint er nun nicht einen bestimmten Artikel der Dogmatik, sondern eine bewegende Kraft, eine fundamentale Haltung und Einstellung unserer Wirklichkeit gegenüber, eine Haltung, die – ich sage es mal in Heideggers Terminologie – unser In-der-Welt-Sein prägt. Diese Haltung drückt sich so aus, dass wir a) der Welt grundsätzlich als einer von Gott geschaffenen begegnen, dass wir sie b) zugleich als durch die Sünde gebrochen und verstümmelt erkennen und dass wir c) die Welt wahrnehmen als eine, der sich Gott in Jesus Christus in Liebe zugewandt hat und – um es mit dem Apostel Paulus zu sagen – *„die seufzt und hofft, dass auch das Geschaffene befreit wird von der Knechtschaft des Verderbens zur Freiheit der Herrlichkeit der Kinder Gottes“* (Röm 8,19–22).

Das christliche Grundmotiv läuft nun gewissermaßen allen anderen Grundmotiven entgegen – d. h., es geht gegen den Trend und impliziert allein schon durch seine Anwesenheit eine Kritik, manchmal auch Provokation, des jeweiligen Zeitgeistes. Der Philosoph, der ergriffen wird von der Dynamik des christlichen Motivs, wird darauf achten, der von ihm erforschten Wirklichkeit, dem von ihm untersuchten Gegenstand, Recht widerfahren zu lassen, d. h., er wird sowohl die besondere Eigenheit und individuelle Prägung als auch den integralen geschöpflichen Zusammenhang anerkennen und würdigen. Er wird auf der Hut sein vor Reduktionismen, vor Verabsolutierungen einzelner Schöpfungsaspekte.

Ein christlicher Philosoph ist also einer, der, befreit vom herrschenden Grundmotiv seiner Zeit, sein Denken von der Dynamik des Geistes Gottes bestimmen lässt. Diese Dynamik entfaltet sich nun im Herzen des Menschen. Es handelt sich also um den Vorgang, den ich vorher schon angedeutet habe. Die Transformation des Herzens führt zu einer Konversion des Denkens, zur Metanoia.

Es fällt auf, dass Dooyeweerd praktisch nichts dazu sagt, wie es zum Wechsel der Grundmotive im Herzen eines Menschen, insbesondere eines Philosophen, kommt. Dies ist ihm das Geheimnis der Wirksamkeit des Geistes Gottes, welche als solche analytisch nicht erfasst werden kann. Dooyeweerds Anliegen ist in erster Linie die Entwicklung einer eigenständigen, vom christlichen Grundmotiv gespeisten Philosophie; in zweiter Linie setzt er sich kritisch, d. h. alles prüfend – das Gute behaltend, mit der abendländischen Philosophie auseinander. Wie es zum Paradigmenwechsel im der Tiefe des menschlichen Herzens kommt, ist für Dooyeweerd kein Thema der Philosophie. Wie sich dieser Wechsel im philosophischen Denken auswirkt und welche Ergebnisse aus ihm hervorgehen, das allerdings muss Gegenstand des öffentlichen philosophischen Diskurses sein. Eine christliche Philosophie immunisiert sich also nicht gegen kritische Einwände; sie ist lernfähig und korrigierbar. Sie ist flexibel und veränderbar. Was jedoch keiner Veränderung unterliegt, ist das Grundmotiv; ist der innere Impuls, auch durch philosophisches Denken ein Lob der Schöpfung anzustimmen und damit dem Schöpfer selbst zu danken und ihn zu ehren.

Literatur

Johannes Calvin, *Institutio christianae religionis*, dt.: Unterricht in der christlichen Religion, Übersetzung Otto Weber, Neukirchener Verlag 1955.

Herman Dooyeweerd, *A New Critique of Theoretical Thought*, Amsterdam, 1953–58.

Johannes Paul II., *Enzyklika „Fides et ratio" von Johannes Paul II. an die Bischöfe der katholischen Kirche über das Verhältnis von Glaube und Vernunft*, 14. September 1998, hrsg. vom Sekretariat der Deutschen Bischofskonferenz, Bonn (Abk: FR).

Samuel Leuenberger

Kriterien für den Absolutheitsanspruch des jüdisch-christlichen Glaubens

Gliederung

I. Einleitende Bemerkungen
   A. Was soll der Begriff Absolutheit? Anwendungsbereich?
   B. Absolutheit und Wahrheit

II. Kriterien für die Richtigkeit bzw. Absolutheit des christlichen Glaubens

   A. Lehre von Gott
      1. Das Sein Gottes
         a) Gott als Person. Seine Namen
         b) Der auf Gemeinschaft hin orientierte Gott
         c) Eigenschaften Gottes
      2. Das Tun Gottes
         a) Gott verpflichtet sich durch Segen, Bund und Verheißungen
         b) Gott handelt in der Geschichte als einer, der keine Geschichte hat
         c) Gottes Handeln ist zielstrebig
         d) Das Wie von Gottes Handeln in Jesus Christus
         e) Der von Jesus bekundete Absolutheitsanspruch: Ich-bin-Worte; Missionsbefehl

   B. Anthropologie: Befindlichkeit des Menschen und Ethik
      1 Der Mensch ist Geschöpf
      2. Der ursprünglich gut geschaffene Mensch ist von Gott getrennt
      3. Es gibt kein Ansehen der Person
      4. Keine Indoktrination, sondern Bejahung echter Toleranz
      5. Keine Verdienstethik, von Dankbarkeit geprägtes Verhalten
         a) Priorität der Liebe; Früchte des Heiligen Geistes
         b) Ethik des Respekts gegenüber den Schwachen
         c) Vergebungsbereitschaft und Feindesliebe: Römer 12,14–21

C. Ekklesiologie
   1. Allgemeines Priestertum
   2. Gemeinde: Raum für Früchte des Heiligen Geistes;
   3. Mission

D. Schriftverständnis
   1. Geheimnis der Selbstauslegung
   2. Prophetische Verheißungen
   3. Inspiration

E. Soteriologie und Eschatologie:
   1. Erlösung ist ganzheitlich
   2. Das Wesentliche der Vollendung

I. Einleitende Bemerkungen

A. Was soll der Begriff Absolutheit? Anwendungsbereich?

Der Sitz im Leben zu meinen Ausführungen ist unsere Situation an den einflussreichen theologischen Ausbildungsstätten, die gekennzeichnet ist durch einen Kompetenz beanspruchenden und vermeintlich wissenschaftlich begründeten Wahrheitsrelativismus. Diese geistliche Notlage hat mich dazu bewogen, gründlich über den Wahrheitsanspruch des jüdisch-christlichen Glaubens nachzudenken, wie er bereits während nahezu zwei Jahrtausenden als im Apostolikum vertretenes Bekenntnis von der überwiegenden Mehrheit christlicher Kirchen hochgehalten worden ist. Was ich meine, kann auch gut mit den berühmten Worten des Vinzenz von Lerinum aus seinem „Commonitorium" auf den Punkt gebracht werden: „Desgleichen ist in der katholischen Kirche [gemeint ist die im Apostolikum erwähnte, eine heilige allgemeine christliche Kirche] selbst entschieden dafür Sorge zu tragen, dass wir das festhalten, was überall, was immer und was von allen geglaubt wurde; denn das ist im wahren und eigentlichen Sinne katholisch."[1] Damit ist jeglicher Steckenpferd-Theologie eine Absage erteilt.

---

[1] Vinzenz von Lerinum, *Commonitorium 2. (3)*, Bibliothek der Kirchenväter, Band 20, München, 1914, 17.

Es stellt sich uns nun die Frage: Können wir den Begriff Absolutheit auf das Christentum anwenden? Wichtig ist, dass wir mit dem Begriff Christentum nicht die menschlichen Erscheinungsformen der christlichen Glaubensrichtung mit all ihren positiven, aber auch negativen Erscheinungen wie Konfessionskriege, Gegenreformation und Polemik gegen andere Ausprägungen des christlichen Glaubens meinen. Den Begriff der Absolutheit auf menschliche Ausprägungen des christlichen Glaubens anzuwenden, ist nicht haltbar. Allerdings macht es umso mehr Sinn, von der Absolutheit der christlich-biblischen Botschaft im Sinn göttlicher Offenbarung zu reden. Damit kommen wir zur Definition der Begriffe Absolutheit und Wahrheit.

B. Absolutheit und Wahrheit

Der Begriff absolut oder Absolutheit kommt vom lateinischen „*absolvere*", was so viel heisst wie loslösen, trennen. Das Partizip Perfekt „*absolutus*", von dem der Begriff „absolut" hergeleitet wird, findet beispielsweise in „Webster's Dictionary" zahlreiche Deutungen. Für unser Thema ist mir folgende dort gegebene Definition wichtig: „independent of arbitrary Standards or measurements"[2], also unabhängig von willkürlichen Normen und Maßstäben. Auf dieser Definition gründend verstehe ich den Begriff „absolut" im Verlauf meiner Darlegungen als losgelöst von den relativierenden menschlichen Meinungen hinsichtlich Religion, Philosophie oder Ethik. Der Begriff „absolut" kommt nicht aus ohne den Begriff der „Wahrheit". „Absolut" und „wahr" überschneiden sich weitgehend.

Das AT verwendet für den Begriff Wahrheit das Wort „'æmæt". Damit ist eine Wirklichkeit gemeint, die mit Gottes Treue und Zuverlässigkeit zu tun hat.

Das NT braucht für das Wort, das wir mit Wahrheit übersetzen, den Begriff „alætheia". Darunter ist das zu verstehen, was nicht verborgen ist, was nicht verheimlicht wird. Indem sich das NT eng ans AT anschließt, meint es mit „alætheia" so viel wie Gottes Liebe, die der himmlische Vater nicht im Verborgenen bleiben lässt, sondern sie offenbart, sichtbar macht in seinem Sohn Jesus Christus. Wenn wir uns mit der Frage von absoluter Wahrheit beschäftigen, so ist es von grundsätzlicher Wichtigkeit, dass wir Christen nicht beanspruchen, die Wahrheit im Sinn begrifflicher Verlautbarungen zu besitzen. Paulus sagt ja deutlich, dass unser Erkennen Stückwerk sei. Gott allein gehört die Wahrheit. Wahrheit ist also nicht Besitz, über den wir verfügen könnten.

---

[2] *Webster's Seventh New Collegiate Dictionary*, Springfield, Mass., USA, 1967, 3.

Was aber der lebendige Gott erschlossen hat durch sein Wort und durch sein Handeln, das wollen wir näher betrachten und reflektieren. Wir werden dabei entdecken, dass es viele einzigartige Punkte gibt, welche die jüdisch-christliche Botschaft weit über die Lehren der andern Religionen stellt, in quantitativer wie in qualitativer Hinsicht. Eines der wichtigsten Kriterien für die Wahrheitsträchtigkeit oder für den Absolutheitsanspruch der biblisch-christlichen Botschaft ist die Menschenfreundlichkeit Gottes, die „humanitas dei“, wie sie uns Paulus so prägnant im Titusbrief vor Augen führt. Luther übersetzt Kapitel 3 Vers 4 so schön: *„Als aber erschien die Freundlichkeit und Menschenliebe Gottes, unseres Heilandes ... “*

Diese Menschenliebe oder Menschenfreundlichkeit finden wir in den nicht jüdisch-christlich geprägten Religionen nur spärlich, meines Erachtens etwa im Sinn von Justin dem Märtyrer, der vom „logos spermatikos“ spricht, also von den in den heidnischen Religionen verstreuten Wahrheitselementen. In den folgenden Ausführungen verdanke ich viel Werner Steube, der mir mit seinem Buch „das Christentum und die andern Religionen bei Carl Heinz Ratschow“[3] zu wesentlichen Einsichten verholfen hat. Seine Anstöße versuche ich mit dieser Vorlesung weiter zu verarbeiten.

II. Kriterien für die Richtigkeit bzw. Absolutheit des christlichen Glaubens

A. Die Lehre von Gott

1. Das Sein Gottes

a) Gott als Person. Seine Namen

Von größter Wichtigkeit ist, dass der lebendige Gott des AT und des NT sich mit einzigartigen Namen kundtut, die einen ausgesprochen persönlichen Charakter aufzeigen. Denken wir an den Begriff „Vater“ etwa in Psalm 89,27: *„Mein Vater bist du, mein Gott.“* Oder Psalm 68,6: *„Ein Vater der Waisen ist Gott“*. Im Buch Exodus bezeichnet sich Gott als der *„Ich bin, der ich bin“*. Eine solche Bezeichnung hebt die Individualität und Persönlichkeit Gottes speziell hervor. Gott ist ein Ich, das mit seinen Namen zur Gemeinschaft im Dialog

[3] Werner Steube, *Das Christentum und die andern Religionen bei Carl Heinz Ratschow*, Nürnberg, 1998.

einlädt. In den vier Evangelien bezeichnet sich Jesus u. a. als „Sohn des Menschen“. Als „Sohn des Menschen“ verkörpert Jesus das Urbild des Menschen, wie ihn der Schöpfer von Anfang an in seiner Vollkommenheit gemeint hat.

b) Der auf Gemeinschaft hin orientierte Gott

Am deutlichsten kommt der Wille zu persönlicher Beziehung dadurch zum Ausdruck, dass der lebendige Gott sich als Gemeinschaft von drei Personen vorstellt, die eine totale Einheit bilden. Gott will mit seiner innergöttlichen Gemeinschaft ein Modell für die wichtigsten Prinzipien geben, die für das Funktionieren menschlicher Gesellschaft elementar sind. So vernehmen wir vor allem im Johannesevangelium, wie die drei Personen eine Einheit bilden und uns ein Verhältnis von gegenseitiger Rücksicht, Wertschätzung, Anteilnahme und Anteilgabe vor Augen führen. Kurz gesagt geht es um eine tiefe Liebesgemeinschaft. Die drei Personen sind verschieden, sie stellen jedoch trotz ihrer Vielfalt eine Einheit dar. Dennoch haben wir es mit dem Geheimnis des einen wahren Gottes zu tun, der mit seinen innergöttlichen Beziehungen ein Vorbild für uns Menschen sein will (vgl. Joh 5,17–23; 14,23–26; 17,22–23). Die Triaden, wie wir sie beispielsweise im Hinduismus und in den altorientalischen Religionen finden, sind substanziell verschieden von der Trinität.

Die zu einer Dreiheit verbundenen hinduistischen Gottheiten Brahman, Vishnu und Shiva demonstrieren nicht Einheit und Einigkeit, sondern unpersönliche Prinzipien von Entstehung, Erhaltung und Zerstörung des Kosmos.[4] Eine Modellfunktion für die wichtigsten Verhaltensprinzipien bezüglich der menschlichen Gesellschaft fehlt. Die Triaden haben etwas Statisches und Starres. Es gibt dort keinen innergöttlichen Dialog.

c) Die Eigenschaften Gottes

Es sind die Eigenschaften der drei göttlichen Personen, man könnte auch sagen, die Grundsubstanz, welche dazu Anlass gibt, bei dieser Dreifaltigkeit von einer Einheit im Sinn des nur einen Gottes zu sprechen. Alle drei Personen haben die Eigenschaften der Allmacht, Allwissenheit, Allgegenwart und die Nicht-Verfügbarkeit gemeinsam und bilden aufgrund dieser Gemeinsamkeiten *einen* Gott.

Das Konzil von Chalzedon im Jahr 451 spricht von der „una substantia“ und den „tres personae“. Innerhalb der monotheistischen Religionen ist der dreifal-

---

[4] Siehe Helmut von Glasenapp, *Die fünf Weltreligionen*, Köln, 1963, 37–38.

tige Gott, vor allem im Unterschied zum Islam, trotz der erwähnten erhabenen Eigenschaften nicht der ferne, abgehobene und drohende Gott, sondern der sich Mitteilende und die Gemeinschaft im Dialog mit den Menschen suchende Gott. Das ist die Einzigartigkeit nicht nur im Vergleich zum Islam als monotheistischer Religion, sondern auch im Vergleich mit den paganen Religionen überhaupt.

2. Das Tun Gottes oder die Ethik Gottes

a) Gott verpflichtet sich durch Segen, Bund und Verheißungen

Das ist etwas Einzigartiges an der biblischen Botschaft, dass sie mit dem Bundesgedanken aufs engste verknüpft ist. Wir reden vom Alten und vom Neuen Bund. Die Realität, die dahinter steckt, ist sehr tiefgreifend. Gott verpflichtet sich gleichsam durch einen Eid, zu seinem auserwählten Volk der Juden zu stehen. Einzigartig an diesem Bund ist auch, dass Israel für die Völkerwelt eine Vorzeigefunktion hat. Doch der lebendige Gott verherrlicht dieses Volk nicht, Er zeigt es in seinen Schwächen, in seinem Versagen. Trotzdem verpflichtet sich Jahwe, sein Volk nicht dem Zorn der Nationen endgültig preiszugeben – der Bund erfährt eine Steigerung in der Verheißung an David, dass von ihm der Messias abstammen soll, Jesus von Nazareth. In ihm kommt die Heilsgeschichte zum Höhepunkt.

Der Kreuzestod des Messias für alle besiegelt den Neuen Bund, und so kommt es zur Ausweitung des Bundes zugunsten aller Völker. Die Verheißung, dass durch Abraham alle Völker gesegnet werden, bewahrheitet sich (Gen 17).

Die sich als Weltreligion bezeichnenden Baha'i, eine aus dem Islam herausgewachsene Sondergemeinschaft, hat den von ihnen stark betonten Bundesgedanken dem AT entnommen.

Das Absolute, das mit Wahrheit im Sinn von „'æmæt“, von Zuverlässigkeit und Treue, zu tun hat, steht ganz besonders mit der Realität des keiner Relativierung unterworfenen Bundes einzigartig da.

b) Gott handelt in der Geschichte als einer, der keine Geschichte hat

Das Einzigartige im Vergleich mit den Göttern anderer Religionen ist die Tatsache, dass es keine Geschichte Jahwes gibt. Er steht über aller Geschichte als derjenige, der selber die Geschichte auf geheimnisvolle Weise lenkt. Es gibt keine Mythen über das Leben Jahwes auf Erden im Unterschied zu den Mythen über die Götter vor allem im Hinduismus, aber auch in andern Religionen. Besonders sticht der Unterschied in die Augen, wenn wir uns die Mythen über die griechisch-römischen Gottheiten vor Augen führen.

Der lebendige Gott des AT und NT steht über Raum und Zeit, wirkt aber als Herr der Geschichte und führt die Weltgeschichte ihrem Ziel entgegen. Dieses geheimnisvolle Ineinandergreifen von politisch-säkularer Geschichte und der Heilsgeschichte dürfte wohl einzigartig sein. Wie der lebendige Gott der Juden und Christen sogar berühmte Könige, die nicht dem alttestamentlichen Glauben anhingen, als Diener der Heilsgeschichte gebraucht hat – wir denken an den babylonischen Nebukadnezar oder den persischen Kyros –, dazu gibt es nichts Vergleichbares in andern Religionen. Es zeigt uns die einzigartige Souveränität des jüdisch-christlichen Gottes.

c) Gottes Handeln ist zielstrebig

Gottes Handeln ist zielstrebig, es ist auf die ganzheitliche Rettung des Menschen und ist auf die Erneuerung des ganzen Kosmos bedacht. Auch wenn Parsismus und Islam ebenso wie der christliche Glaube kein zyklisches Denken aufweisen und eine Eschatologie kennen, so hebt sich doch die jüdisch-christliche Eschatologie wesentlich vom Islam und Parsismus ab. Das Einmalige daran möchte ich am Schluss meiner Vorlesung hervorheben.

d) Das Wie von Gottes Handeln

Gott wird Mensch, er setzt sich in Jesus Christus den Grenzen des menschlich-irdischen Lebens aus, nimmt Leiden auf sich. Er verkehrt mit Randständigen, den gesellschaftlich Ausgegrenzten. Alle Vorstellungen von einem Gott, wie sie die andern Religionen hochhalten, werden gesprengt.

In Jesus kommt der Solidaritätsgedanke mit uns schwachen und begrenzten, vor allem auch durch den Sündenfall der Verlorenheit preisgegebenen Menschen auf eine noch nie dagewesene Weise zum Ausdruck. Der Mensch kann von seinen Möglichkeiten her nichts für seine Rettung tun. Er ist eingeladen, die ihm von Gott gegebenen Möglichkeiten auszuschöpfen. Und das ist in erster Linie die ausgestreckte Hand des Erlösers, die jeder ergreifen darf.

Es handelt sich um einen nirgends zu findenden uns zugesprochenen geistlichen Tatbestand, wenn Paulus im 2. Korintherbrief 5,21 wie folgt von der Stellvertretung spricht: *„Er hat den, der von keiner Sünde wusste, für uns zur Sünde gemacht, damit wir in ihm die Gerechtigkeit Gottes würden.“*

Das In-den-Riss-Treten Gottes durch Jesus für uns Menschen ist einzigartig. Diese so unvorstellbare Kenosis (Entäußerung) Gottes durch seine Menschwerdung hat Martin Luther in einem Weihnachtslied auf meisterhafte Weise formuliert: „Den aller Weltkreis nie beschloss, der lieget in Marien Schoss. Er ist ein Kindlein worden klein, der alle Ding erhält allein.“

Der so unscheinbare, demütige Gott, der in Menschengestalt verborgen ist, hat auch den Tod besiegt. Völlig ungeschminkt wird der Preis, den wir Menschen für unsere selbst verschuldete Sonderung von Gott hätten bezahlen müssen, unmissverständlich artikuliert in Jesu Schrei am Kreuz: *„Mein Gott, mein Gott, warum hast du mich verlassen?“* Wir haben es hier wie anderswo mit göttlicher Offenbarung zu tun. Menschlicher Stolz ließe es niemals zu, davon auszugehen, dass Gott selber die Strafe als Sühne für unsere Verdorbenheit auf sich nehmen musste. Zum Wie von Gottes Handeln gehört seine Weisheit, die vor der Welt als Torheit gilt (Vgl. 1 Kor 1,21–29). Gott handelt so ganz anders, als es den Erwartungen der Menschen entspricht. Er wendet sich nicht in erster Linie den besonders begabten und in sozialer Hinsicht privilegierten Menschen zu, was sein Heilshandeln anbetrifft. Gott setzt seinen Heilsplan gerade auch mit bescheidenen Menschen durch, was ihre Herkunft anbetrifft. Besonders deutlich formuliert diesen Sachverhalt Paulus, wenn er im 1. Korintherbrief 1 schreibt: *„Denn das Törichte von Seiten Gottes ist weiser als die Menschen und das Schwache von Seiten Gottes stärker als die Menschen. Nicht viele Weise nach dem Fleische, nicht viele Mächtige, nicht viele Leute von vornehmer Geburt sind berufen, sondern was vor der Welt töricht ist, hat Gott erwählt, damit er die Weisen zuschanden mache, und was vor der Welt schwach ist, hat Gott erwählt, damit er das Starke zuschanden mache, und was vor der Welt niedrig geboren und was verachtet ist, hat Gott erwählt, das, was nichts gilt, damit er das, was gilt, zunichtemache, auf dass sich kein Fleisch vor Gott rühme.“*

Wie ganz anders sind sogenannte Inkarnationen von Gottheiten beispielsweise im Hinduismus, sogenannte Avatara. So erscheint die Gottheit Vishnu in der Gestalt von Krishna auf Erden. In einer der populärsten sakralen Schriften werden die Heldentaten Krishnas berichtet, zu denen u. a. auch Tötungen gehören. Geht es in der Inkarnation Gottes in Jesus um Entäußerung als Gehorsamsakt gegenüber seinem himmlischen Vater und um höchsten Liebeserweis für uns Menschen im Sinn des pro me, so sind die paganen Avatara eine Zurschaustellung heroischer Taten als Selbstzweck. Oder denken wir an die Erhabenheit des Buddha, der in Anbetracht des geschauten Elends den Weg des Rückzugs und der Souveränität über das Leid wählt im Gegensatz zu Jesus, der sich die Nöte der Menschen im Sinn einer noch nie dagewesenen Solidarität mit ihnen und mit ihren täglichen Herausforderungen im Existenzkampf zu eigen macht.

Schauen wir uns die in menschlicher Gestalt erscheinenden Gottheiten in andern Religionen an, vor allem in den Mythen des Hinduismus, so sind diese Gottheiten nicht sündlose Wesen. Sie kennen Eifersucht und Hass, wobei sie auch vor Tötungen nicht zurückschrecken, wie wir es bei Krishna als Kriegsmann in der Baghavadgita sehen. In Bezug auf Jesus gibt es einen Vertrauensanspruch, der ihm in einzigartiger Weise gilt und der sich vom religionsgeschichtlichen Befund her nicht relativieren lässt. Dieser Vertrauensanspruch gründet auf seiner Sündlosigkeit, auf welche Hebräer 4,15 und in prophetischer Schau Jesaja 53,9 hinweisen.

e) Die johanneischen Ich-bin-Worte Jesu

Besonders deutlich kommt die Monopolstellung Jesu im Sinn eines Absolutheitsanspruchs zum Ausdruck in seinen Ich-bin-Worten im Johannesevangelium. Ich gehe davon aus, dass es sich um authentische Jesusworte handelt im Gegensatz zur Hypothese, es gehe vor allem um Gemeindetheologie, die dem Sohn Gottes diese Worte in den Mund gelegt habe.

In diesem Zusammenhang sei auf die interessante Untersuchung von Eduard Schweizer in seinem international berühmt gewordenen Buch „Ego eimi" hingewiesen.[5]

Mit den Ich-bin-Worten erinnert Jesus an die alttestamentliche Namensoffenbarung Gottes dem Moses gegenüber mit den Worten *„Ich bin, der ich bin"* (Ex 3,14).

Dieser Zusammenhang verweist in geheimnisvoller Weise auf die Gottheit Jesu.

Wie deutlich kommt doch der Exklusivanspruch Jesu zur Geltung in der Aussage von Johannes 14,6: *„Ich bin der Weg, die Wahrheit und das Leben, niemand kommt zum Vater, es sei denn durch mich."* Das Bild vom einzig gangbaren Weg, dann der exklusive Wahrheitsanspruch und die Deklaration, das Leben schlechthin zu beinhalten, das zeugt unmissverständlich vom Absolutheitsanspruch Jesu.

---

[5] Eduard Schweizer, *Ego eimi. Die religionsgeschichtliche Herkunft und theologische Bedeutung der johanneischen Bildreden, zugleich ein Beitrag zur Quellenfrage des vierten Evangeliums*, Göttingen, 1965.

Oder denken wir an Aussagen Jesu wie: *„Ich bin das Brot des Lebens, wer zu mir kommt, wird nicht hungern und wer an mich glaubt, wird nimmermehr dürsten“* (Joh 6,35). Jesus bezeichnet sich als das Licht der Welt, das in der Finsternis dieses Erdendaseins die wahre Orientierung gibt (Joh 8,12). Der Absolutheitsanspruch kommt auch deutlich zum Ausdruck in Offenbarung 21,6, wo Jesus dem Johannes sagt: *„Ich bin das A und das O, der Anfang und das Ende, ich will dem Dürstenden vom Wasser des Lebens geben umsonst.“*

Jesus versteht sich nicht als eine Erlösergestalt unter andern. Er versteht sich als der Retter im exklusiven Sinn. Beim Missionsbefehl in Mt 28,16–20 spricht Jesus als der Auferstandene zu den Jüngern und deklariert seine Allmacht, wenn er sagt: *„Mir ist alle Gewalt gegeben im Himmel und auf Erden. Darum gehet hin und machet alle Völker zu Jüngern.“* Die Behauptung steht von namhafter Seite immer noch im Raum, die Worte von Matthäus 28,18–20 seien Jesus als Produkt sogenannter Gemeindetheologie in den Mund gelegt worden. Doch von ebenso namhafter Seite hat sich vor noch nicht so langer Zeit Peter Stuhlmacher für die Authentizität dieser Worte Jesu stark gemacht in seinem Aufsatz „Zur missionsgeschichtlichen Bedeutung von Mt 28,16–20“[6], und mit ihm viele andere Neutestamentler von hoher wissenschaftlicher Kompetenz.[7]

Jesus leitet seinen Missionsbefehl von seiner Allmacht ab: Das Wörtchen „darum“, im Griechischen „oun“, begründet also den Missionsbefehl gleichsam mit seiner Allmacht. Anschließend an den Missions- und Taufbefehl folgt die Deklaration von Jesu Allgegenwart: *„Siehe, ich bin bei euch alle Tage bis ans Ende der Welt.“* In diesen wenigen Sätzen Jesu zeigt sich unmissverständlich sein Absolutheitsanspruch. Gehen wir zum Ich-bin-Wort *„Ich bin der Weg, die Wahrheit und das Leben, niemand kommt zum Vater außer durch mich“* zurück. Hier begegnen wir einer Wahrheitsauffassung in Bezug auf Gott, die nicht ihresgleichen findet.

Die Wahrheit wird nicht in erster Linie als dogmatische Formulierung verstanden, sondern als Person. Das personale Wahrheitsverständnis gehört zu der Einzigartigkeit neutestamentlicher Lehre. Damit schützt das NT die Wahrheit vor menschlicher Rechthaberei und menschlichen Absolutheitsansprüchen, die

---

[6] Peter Stuhlmacher, *Zur missionsgeschichtlichen Bedeutung von Mt 28,16–20*, in: ders., Biblische Theologie und Evangelium. Gesammelte Aufsätze, WUNT 146, Tübingen, 2002, 88–118.

[7] Siehe die Belege bei Eckard J. Schnabel, *Urchristliche Mission*, Wuppertal, 2002, 347.

schnell zu Machtdemonstrationen führen könnten. Die Wahrheit liegt nicht in der Verfügbarkeit des Menschen. „*Ich bin die Wahrheit*“ sagt Jesus deutlich.

B. Anthropologie und Ethik

1. Der Mensch als Geschöpf

Typisch für das alt- wie für das neutestamentliche Verständnis vom Menschen ist die klare Unterscheidung zwischen Schöpfer und Geschöpf. In den nicht monotheistischen Religionen gibt es in der Regel keinen qualitativen Unterschied zwischen Gott und Mensch, nur einen quantitativen. Nach der biblischen Botschaft hebt sich der Schöpfer vom Geschaffenen, überhaupt von der Kreatur, ab. Nach Psalm 8 wird dem Menschen allerdings ein hoher Rang zuerkannt: „*Du machtest ihn wenig geringer als Engel, mit Ehre und Hoheit kröntest du ihn.*“

Einzigartig ist die mit dieser Aussage implizierte Ebenbildlichkeit Gottes. Nicht der Kosmos mit seinen Trillionen von Gestirnen steht im Vordergrund, sondern der Schöpfer, der des Menschen gedenkt und sich seiner annimmt, wie es dieser Psalm so schön sagt. Wesentlich verschieden ist das Menschenbild im Koran. Dort ist der Mensch nicht nach Gottes Bild geschaffen und Allah als Schöpfer ist der sehr distanzierte Gott, nicht der sich hinneigende Vater, dem jedes einzelne Geschöpf wichtig ist.

2. Der ursprünglich gut geschaffene Mensch ist von Gott getrennt

Nach dem biblischen Befund ist der Mensch trotz seiner Würde Sünder, Schuldner gegenüber Gott infolge des Sündenfalls. Es gibt keine Möglichkeit vom Menschen her, den zwischen ihm und Gott bestehenden Graben zu überbrücken. In keiner paganen Religion finden wir die radikale, scharfe Sichtweise der „depravatio“, der Verdorbenheit des Menschen mit der Konsequenz, physisch wie psychisch dem Tod verfallen zu sein. Ovid ahnt etwas von dieser „depravatio“, wenn er in seinen Metamorphosen im Buch 7 die Medea Aussagen über ihre fatale Liebesbeziehung zu Jason machen lässt.

So sagt Medea: „Mich reißt wider Willen eine unbekannte Macht mit sich fort. Zu dem einen rät die Begierde, die Vernunft zu dem andern. Ich sehe das Bessere und heiße es gut. Aber dem Schlechteren folge ich.“

Wir werden dabei an die Aussage von Paulus im Römerbrief erinnert, wo er schreibt: *„Denn nicht, was ich will, das führe ich aus, sondern was ich hasse, das tue ich"* (Röm 7,15).

Wenn auch die „depravatio" von heidnischer Seite im Sinn des „logos spermatikos" teilweise erkannt wird, so gibt es keinen Ausweg aus dieser verfahrenen Situation. Die eigentliche Sünde nach biblischem Verständnis ist, wie bereits erwähnt, die „Hybris" im Sinn der Usurpation von Gottes Stellung mit der Konsequenz des Todes. Wir finden nur im jüdisch-christlichen Glauben die Erkenntnis, dass der Tod etwas Unnatürliches ist, etwas ursprünglich nicht vom Schöpfer Gewolltes. Den Tod verstehen die übrigen Religionen, vor allem jene mit einer zyklisch strukturierten Theologie, als eine Notwendigkeit im Kreislauf der Natur mit ihrem Werden und Vergehen. In der stoischen Philosophie, die infolge der Eroberungszüge Alexanders im 4. vorchristlichen Jahrhundert wahrscheinlich vom fernöstlichen Kulturkreis geprägt ist, finden wir bei Kaiser Mark Aurel die Auffassung der Natürlichkeit des Todes. In seinen Selbstgesprächen Kap. 4, 5 bringt er das prägnant auf den Punkt: „Der Tod ist ein Geheimnis der Natur wie die Geburt. Hier Zusammensetzung aus Grundstoffen, dort Auflösung in die gleichen. In keinem Fall ein Ereignis, dessen man sich zu schämen hätte."[8] Dem widerspricht Paulus klar: *„Der Sünde Sold ist der Tod ..."* (Röm 6,23).

Das Einzigartige der biblischen Botschaft ist u. a. die Angabe der Ursache dieses Grabens zwischen Gott und dem Menschen. Diese Ursache ist nach biblischem Verständnis ein Faktum und nicht eine mythologische Angelegenheit. Der Erklärungsgrund für diesen Graben ist die Usurpation von Gottes Stellung und somit eine radikale Beziehungsstörung zwischen dem lebendigen Gott und den Menschen. In einmaliger, nicht vergleichbarer Weise drückt das Paulus im Römerbrief aus, wenn er sagt:

„Alle haben ja gesündigt und ermangeln der Ehre vor Gott und werden gerecht gesprochen ohne Verdienst durch seine Gnade mittels der Erlösung, die in Christus Jesus ist. Ihn hat Gott hingestellt als ein Sühneopfer durch den Glauben in seinem Blut zur Erweisung seiner Gerechtigkeit ..." (Röm 3,23–25).

Diese Analyse einer Beziehungsstörung zwischen Gott und dem Menschen dürfte einzigartig sein. Im Heidentum finden wir generell eine Verharmlosung der menschlichen Schuld. Bei Hesiod, einem griechischen Dichter des 7. Jahr-

---

[8] Mark Aurel, *Selbstgespräche*, Auswahl von Karl Preisendanz, Wiesbaden, 1950, 20.

hunderts v. Chr., kommt in seinem Epos „Werke und Tage“[9] das Übel in die Welt durch einen Racheakt von Zeus wegen des ihm von Prometheus gestohlenen Feuers. Die im Auftrag von Zeus durch Hephaistos böse geschaffene Pandora stellt mit ihrer verschlossenen Büchse eine Falle, die alle Übel enthält. Indem sie diese Büchse öffnet, entströmt alles Böse auf die Erde und zerstört den paradiesischen Zustand.

Es ist also von der Gottheit als Racheakt provozierte Neugier, welche zum Sündenfall führt, und nicht die Hybris des Menschen. Dadurch wird menschliche Schuld verharmlost.

3. Es gibt kein Ansehen der Person

Zum Einzigartigen gehört nun auch die Sicht des Menschen von Gottes Warte aus. Es gibt keine rassische, geschlechtliche, völkische, soziale oder fähigkeitsbedingte Diskriminierung. Bereits im AT finden wir die Lehre von Gottes Unparteilichkeit, die auf die Gleichwertigkeit aller Menschen schließen lässt. Man denke an 2. Chronik 19,7: *„Bei dem Herrn, unserm Gott, gibt es kein Unrecht und kein Ansehen der Person und keine Bestechlichkeit.“* In gleicher Richtung geht der Text in 1. Samuel 16,7: *„Ein Mensch sieht, was vor Augen ist: Der Herr aber sieht das Herz an.“*

Mit dieser Gleichwertigkeit aller Menschen ist der Frau jene Würde geschenkt, die sie auf die gleiche Stufe des Mannes stellt. Diese Gleichwertigkeit von Mann und Frau nimmt innerhalb der Religionsgeschichte eine einzigartige Stellung ein. In den Zusammenhang dieser Gleichwertigkeit gehört das so wichtige, bereits im Schöpfungsbericht erwähnte Geschaffensein von Mann und Frau nach der Ebenbildlichkeit Gottes (Gen 1,27). Wenn die Baha'i-Religion die Gleichwertigkeit von Mann und Frau auch betont, so ist das der jüdisch-christlichen Offenbarung entnommen. Eine weitere wichtige Stelle – ein „locus classicus für die Unparteilichkeit Gottes – ist der Bericht von der Begegnung des Petrus mit dem heidnischen Hauptmann Kornelius in Apostelgeschichte 10. Petrus empfängt von Gott direkt in einer Vision die Weisung, sich im Hinblick auf die jüdische Auffassung von Reinheit und Unreinheit korrigieren zu lassen. In der Begegnung mit diesem frommen heidnischen Hauptmann bringt Petrus die von Gott offenbarte Erkenntnis in folgenden Worten auf den Punkt: *„Nun erfahre ich in Wahrheit, dass Gott die Person nicht ansieht; sondern in jedem Volk, wer ihn fürchtet und recht tut, der ist ihm angenehm“* (Apg 10,34–35).

---

[9] Hesiod, *Werke und Tage*, Stuttgart, 2007.

Was die Gleichwertigkeit aller Menschen betrifft, finden wir innerhalb der Stoa, z. B. bei Seneca, hohe ethische Ideale. So spricht er im Kap. 47 der „epistolae morales“ von Sklaven als Menschen, die es wert sind, als Glieder der kosmopolitischen Gesellschaft wertgeschätzt zu werden. Ja, man soll sogar mit ihnen Tischgemeinschaft pflegen. Es handelt sich bei den Sklaven um Menschen, die sich in ihren Bedürfnissen nicht von den vornehmen Leuten unterscheiden. Sklaven können Meister über ihre Emotionen und Triebe sein, während dagegen vornehme Bürger Sklaven ihrer Besitzgier und Triebe sein können. Seneca postuliert die Gleichwertigkeit der Menschen aufgrund der gemeinsamen Naturanlagen. Das Einmalige an der biblischen Sicht besteht darin, dass die Gleichwertigkeit der Menschen in erster Linie in Gottes Liebeshaltung gegenüber seinen vernunftbegabten und nach seinem Ebenbild geschaffenen Geschöpfen begründet liegt und nicht in einer in der Natur vorgegebenen Befindlichkeit. Diese Wichtigkeit von 2. Chronik 19,7 sollte uns umso mehr bewusst werden, wenn wir an das hinduistische Kastenwesen denken oder an die Haltung der Moslems gegenüber Menschen, die nicht dem Islam angehören und deshalb als minderwertig oder im besten Fall als Personen zweiter Klasse eingestuft werden.

4. Keine Indoktrination, sondern Bejahung echter Toleranz

Das AT wie das NT sehen den Menschen als ein auf den Dialog hin angelegtes Wesen, das zur Mündigkeit berufen ist. Glaubenslehren dürfen nicht im Sinn einer Gehirnwäsche oder Indoktrination vermittelt werden.

Im NT legt Paulus Wert auf das denkende Prüfen. Die Stelle im l. Thessalonicherbrief kommt mir in den Sinn, wo es heißt: *„Alles aber prüfet, das Gute behaltet!“* (1 Thess 5,21).

Mit der Aufforderung zum Prüfen ist das kritische Denken thematisiert und damit auch das Anliegen der Mündigkeit angesprochen. Paulus zeigt im Epheserbrief, wie sehr ihm die Mündigkeit ein Anliegen ist, wenn er schreibt: *„Wir sollen nicht mehr Unmündige sein, wie auf Wellen hin- und hergeworfen und umhergetrieben von jedem Wind der Lehre durch das trügerische Spiel der Menschen, durch Schlauheit zur Verführung in Irrtum. Wir sollen vielmehr, die Wahrheit in Liebe festhaltend in allen Stücken hinanwachsen zu ihm, der das Haupt ist, Christus“* (Eph 4,14–15).

Dazu möchte ich einen von mir geprägten Slogan anführen: „Mündig sein heißt, am Munde Gottes hangen.“ Mit dieser Stoßrichtung auf Mündigkeit und Selbstverantwortung hin ist die echte Toleranzhaltung impliziert in dem Sinn, dass man Glaubensinhalte weder mit physischer noch psychischer Gewalt durchsetzen darf. Es gilt dabei selbstverständlich, andere Glaubensweisen zu respektieren, solange Recht und Ordnung für das Funktionieren des gesellschaftlichen Miteinanders eingehalten werden. Ohne diese biblische beziehungsweise jüdisch-christliche Denkweise wäre das geistesgeschichtliche Phänomen der Aufklärung undenkbar.

Auch Kaiser Mark Aurel macht sich für kritisches Prüfen und Toleranz stark, indem er seinen Pflegevater Antoninus als Beispiel anführt. So heißt es in seinen „Selbstgesprächen" 6,29: „In allem sei Schüler von Antoninus. Mach dir sein Eintreten für vernünftige Unternehmungen zu eigen [...] und wie er nichts aufgab, bevor er's genau untersucht und klar erkannt hatte, [...] wie er nichts überhastete und sich als gewissenhafter Prüfer von Denken und Tun erwies; und dass er Menschen ertrug, die freimütig gegen seine Ansichten auftraten; dass er sich freute, wenn man ihm Besseres zeigen konnte."[10]

Doch darf man bei all diesen vordergründig sympathischen Äußerungen nicht vergessen, dass die Toleranz dem römischen Pantheon und eine gewisse Zeit den Juden galt, nicht aber den Christen. Mark Aurel hat sich abschätzig über die Christen geäußert und unter seiner Regierung kamen in den Christenverfolgungen zu Lyon in den Jahren 177/178 Tausende ums Leben.[11] Eine vorbehaltlose Toleranz dürfte für den jüdisch-christlichen Glauben typisch sein. Zum mündigen Glauben im Sinn kritischen Prüfens gehört auch die Ablehnung von Magie und Aberglauben.

Das zeigt sich in der Heiligen Schrift des AT und NT darin, dass Gott sich nicht durch Opferpraktiken beeinflussen oder gar zwingen lässt, besonders wenn diese auf rituell mechanische Weise gehandhabt werden. Ein gutes Beispiel dafür ist Davids Erkenntnis, wie er sie im Psalm 51 zum Ausdruck bringt: *„Denn Schlachtopfer begehrst du nicht, und gäbe ich Brandopfer, es gefiele dir nicht. Das Opfer, das Gott gefällt, ist ein zerbrochener Geist."* In Deuteronomium 18,9–14 finden wir eine klare Distanzierung gegenüber allem, was mit Aberglauben, Magie und Zauberei zu tun hat. Der Mensch ist dazu berufen, einen persönlichen Herzenskontakt zum lebendigen Gott zu pflegen im Bewusstsein, dass er sich nicht durch magische Formeln oder bestimmte Gestik manipulieren lässt.

---

[10] Mark Aurel, *Selbstgespräche*, aaO., 31.

[11] Siehe Mark Aurel, *Selbstgespräche*, aaO.

Wir finden in der stoischen Glaubenslehre vor allem bei Seneca Aussagen, die bei flüchtiger Betrachtung biblischen Forderungen sehr nahe kommen. Seneca schreibt im 1. Kapitel von „De beneficiis“: „Die Götter werden nicht durch das massenhafte Schlachten von fetten Stieren geehrt noch durch geweihte Opfer von Gold und Silber, noch durch das Geld, das in ihre Schatzkammern geleert wird, sondern durch eine fromme und aufrichtige Gesinnung.“

Eines darf man aber nicht vergessen, dass bei Epiktet, Seneca und Mark Aurel unter dem Begriff „Götter“ die das All durchwaltenden Gesetze gemeint sind, nicht persönliche Wesenheiten. Bei Seneca und den meisten stoischen Philosophen bedeutet die fromme und aufrichtige Gesinnung beim Opferkult das bewusste Einbeziehen der Gesetze des Alls, also eine Handlung, die nicht gedankenlos vollzogen wird. Der Adressat ist aber im Unterschied zum jüdisch-christlichen Glauben eine kosmische Gesetzmässigkeit und nicht das Du Gottes als lebendiges, persönliches Gegenüber.

5. Keine Verdienstethik, sondern von der Dankbarkeit geprägtes Verhalten

a) Priorität der Liebe und die Früchte des Heiligen Geistes nach Galater 5,23–24

Paulus spricht von der Priorität der Liebe in seinem Hohelied im 1. Korintherbrief in Kapitel 13.

Die Früchte des Heiligen Geistes wachsen nach Galater 5,23–24 gleichsam aus der Liebe heraus. Paulus spricht in Epheser 5,9 auch von Früchten des Lichtes. Doch gibt es eine Anzahl weiterer biblischer Verhaltensweisen, Befindlichkeiten und Einstellungen, die das NT nicht ausdrücklich als Früchte des Heiligen Geistes deklariert, doch im Gesamtzusammenhang wird deutlich, dass es sich dabei ebenso um Wirkungen des Heiligen Geistes handeln muss. Zu den Früchten des Geistes gehören also Liebe, Freude, Friede, Langmut, Freundlichkeit, Güte, Treue, Sanftmut, Selbstbeherrschung.

Die Früchte des Lichtes in Epheser 5,9 sind Güte, Gerechtigkeit und Wahrheit.

Bei diesen von der Bibel als „Früchte des Heiligen Geistes“ oder „Früchte des Lichtes“ deklarierten Qualitäten denkt man gerne an Unübertroffenes, ganz besonders dann, wenn man noch Vergebungsbereitschaft, Verzicht auf Rache und Feindesliebe dazunimmt. Was andere Religionen betrifft, dürfte es schwierig sein, Ebenbürtiges zu diesen Verhaltensweisen und geistlichen Befindlichkeiten zu finden. Doch die weltanschauliche Richtung der Stoa mit ihren bekanntesten Repräsentanten Epiktet, Seneca und Mark Aurel macht es einem scheinbar schwierig. Gerade mit der Stoa könnte man noch am ehesten diese kostbaren biblischen Werte relativieren, weshalb ich bereits verschiedentlich diese Art von Philosophie angeführt habe. Einige Beispiele sollen folgen: Ich habe in Mark Aurels Selbstgesprächen 1,9 gefunden, wie er einen gewissen Sextus wegen seiner Herzensgüte preist, ferner Langmut, beziehungsweise Duldsamkeit gegenüber Unwissenheit. An seinem Bruder Severus schätzt er die Liebe zur Familie, zur Wahrheit und Gerechtigkeit (1,14). Einen hohen Stellenwert hat bei allen drei erwähnten Stoikern die Selbstbeherrschung, die „Enkrateia".

b) Ethik der Rücksicht gegenüber Schwachen und Verachteten

Abgesehen von Seneca, der von der Notwendigkeit und dem Respekt gegenüber den Sklaven spricht, habe ich in keiner stoischen Schrift die Hinwendung zu den Verachteten der Gesellschaft wie zu den Aussätzigen und Bettlern oder zu andern sozial Verletzbaren wie zu den Kindern und Frauen gefunden. Diese Rücksicht und Empathie Jesu gegenüber den erwähnten sozialen Schichten ist tatsächlich einzigartig, besonders, wenn man noch in Betracht zieht, dass er in gewissen Fällen ohne Vorbedingung Kranken Sündenvergebung zugesprochen und sie geheilt hat.

c) Vergebungsbereitschaft und Feindesliebe

Zu den Forderungen, die wir gerne als einzigartig gegenüber nicht jüdisch-christlichen Glaubenshaltungen hervorheben, gehören die Vergebung, der Verzicht auf Rache, die Neidlosigkeit sowie die Feindesliebe. Doch auch diese Forderungen und Verhaltensweisen sind in der Stoa zu finden, wenigstens formell. So hebt Mark Aurel in Bezug auf seinen Vater dessen Rücksicht aufs Gemeinwohl und dessen neidloses Zurücktreten hinter andern hervor, die sich besonders in der Redekunst hervortun.[12] Von Rusticus hat Mark Aurel gelernt, dass er seinen Charakter (gemeint ist der Charakter Mark Aurels) bessern und darauf bedacht sein soll, sich gut und versöhnlich stimmen zu lassen gegen Menschen, die ihn gekränkt haben.[13] In Epiktets „Unterredungen" habe ich bei seiner Bewunderung für die philosophische Richtung der Kyniker folgende

[12] Mark Aurel, *Selbstgespräche*, aaO., 8.

[13] aaO., 6.

Forderung gefunden: „Ein Kyniker sein heißt, Schläge erhalten wie ein Esel und der Geprügelte soll seine Peiniger wie Vater und Bruder lieben.“[14]

Interessant ist auch Epiktets Hinweis auf den Spartaner Lykurg, dem von einem Mitbürger aus Wut ein Auge ausgeschlagen worden ist. Epiktet berichtet, dass Lykurg den Übeläter zu sich genommen und ihn zu einem tüchtigen Mann erzogen habe. Als der Herrscher viel später den ihm einst ausgelieferten Delinquenten dem Volk vorführte, gab er diesem wie folgt Rechenschaft: „Als einen Frevler und Übeltäter habt ihr mir diesen Mann überantwortet; ich gebe ihn euch zurück als einen tüchtigen Bürger.“[15] Was es nun mit diesen hohen ethischen Anforderungen und Verhaltensweisen aus biblischer Sicht und im Unterschied zur Stoa für eine Bewandtnis hat, das möchte ich im folgenden Abschnitt unter „Ekklesiologie“ zur Sprache bringen.

C. Ekklesiologie

1. Allgemeines Priestertum

Mit Hierarchie ist in erster Linie ein zwischen Mensch und Gott vermittelndes Priestertum gemeint und nicht die geistliche Rangordnung, wie sie in der katholischen, orthodoxen und im protestantischen Raum in der skandinavisch-lutherischen und anglikanischen Kirche zu finden ist. Diese episkopale Rangordnung hat ihre Berechtigung neben andern Typen von Kirchen mit presbyterialer, kongregationalistischer oder gar independentistischer Ordnungsstruktur. Das Phänomen der Gemeinde als solches ist bereits etwas Einzigartiges, eine Gemeinschaft, die durch Gottes Wort und Gottes Geist geboren ist, ein Tempel aus lebendigen Steinen eben mit allgemeinem Priestertum, das Gott geistliche Opfer bringt (vgl. 1 Petr 2,4 ff.).

Ein Priestertum, welches mit Opferpraktiken zwischen der Gottheit und den Menschen vermitteln muss, erübrigt sich. Die Gemeinde ist herzliche Glaubensgemeinschaft mit Jesus im Mittelpunkt und dies widerspiegelt die innergöttliche trinitarische Gemeinschaft. Es handelt sich bei der Gemeinde um menschliche Gemeinschaft in ihrer Beziehung zu Gott, wobei dialogische Auseinandersetzung mit dem offenbarten Wort des AT und NT geschieht.

---

[14] Epiktet, *Unterredungen III. 22*, *Handbüchlein der Moral und Unterredungen*, hrsg. v. Heinrich Schmidt, Leipzig, 1935, 94.

[15] Epiktet, aaO., 53.

Im Gottesdienst handelt es sich um das reflektierende Hören auf das gepredigte Wort und um das Beten in seiner Vielfalt, vor allem um die Anbetung in Gesang und Lobpreis.

2. Gemeinde als Raum für die Früchte des Heiligen Geistes

Man kann die Gemeinde mit einem lebendigen Resonanzkörper vergleichen, der die Früchte des Heiligen Geistes wie Töne zum Klingen bringt. Gerade in der Eucharistie – dem Höhepunkt gottesdienstlichen Zusammenseins – vergegenwärtigt die Gemeinde die einzigartige Liebe Gottes, die „humanitas dei“, die sich vor allem in der Barmherzigkeit zu uns verlorenen Menschen zeigt und den Weg bis zum stellvertretenden Opfer am Kreuz gegangen ist. Die Früchte des Heiligen Geistes sind viel mehr als Tugenden. In der Stoa dienen die Tugenden dem säkularen Gemeinwohl, aber auch der Hochstilisierung des Einzelnen.

In der Gemeinde – und das ist das Einzigartige – sind das Praktizieren der Vergebung und der Feindesliebe sowie alle andern Früchte des Heiligen Geistes im Sinn des Soli Deo Gloria auf Jesus bezogen. Die Empathie Gottes zu uns verlorenen Menschen soll sich in unserer Empathie zu den Glaubensgeschwistern und Mitmenschen spiegeln. Eine klassische Stelle dafür ist Kolosser 3,12. Die Eucharistie soll dabei immer wieder der Ort sein, wo das, was Paulus fordert, zum Tragen kommt und dann in die Welt auszustrahlen hat. Die Stelle in Kolosser 3 lautet:

„So ziehet nun als Gottes heilige und geliebte Auserwählte mitleidsvolle Barmherzigkeit, Gütigkeit, Demut, Sanftmut, Langmut an; ertraget einander und vergebet euch gegenseitig, wenn einer wider den andern eine Klage hat. Wie Christus euch vergeben hat, so vergebet auch ihr. Über dies alles zieht die Liebe an, was ein Band der Vollkommenheit ist.“

Die Stoa kennt von den Früchten des Geistes, die dort als Tugenden bekannt sind, eine entscheidend wichtige nicht, nämlich die Barmherzigkeit („eleos“). Barmherzigkeit ist in der Stoa negativ belegt. In „De clementia“ 11,5 sagt Seneca: „Erbarmen ist eines Weisen unwürdig.“ Deshalb ist auch der sich erbarmende Gott, Jesus, etwas Unwürdiges. Die Tugenden von Vergebungsbereitschaft, Neidlosigkeit und Feindesliebe sind der Empathie enthoben. Sie sind aufs engste mit dem in der Stoa so wichtigen Begriff der „Ataraxia“ verbunden, d. h. mit der emotionalen Überlegenheit und Unnahbarkeit. Im NT kommt der Begriff „Ataraxia“ nicht vor. Unter Vergebung und Verzicht auf Rache sowie unter Feindesliebe ist in der Stoa jene Haltung zu verstehen, durch welche vor allem der Weise sich durch Beleidigungen und Anfeindungen die innere Ruhe und

Überlegenheit nicht rauben lässt. Feindesliebe ist Ausdruck der Überlegenheit in Bezug auf den, der einen über den Tisch ziehen oder ins Bockshorn jagen will. Das Einmalige der Früchte des Geistes im jüdisch-christlichen Glauben ist die Empathie der Gläubigen untereinander als Widerspiegelung der aus der Liebe fließenden Barmherzigkeit Gottes zur Erbauung der Gemeinde und zum Soli Deo Gloria. Dabei gilt diese Empathie nicht nur innerhalb der Gemeinde, sie ist gleichsam Auftrag im Blick auf die noch nicht zum Glauben gekommene Welt und es ist Empathie in engster Verbindung mit der Verbreitung von Gottes Wort als missionarischem Auftrag.

Wenn die Stoa von Friede im Sinn einer Tugend spricht, so handelt es sich um innere Harmonie nach den Gesetzmäßigkeiten der Vernunft. Der biblische Friede mit Gott aufgrund der geschenkten Gerechtigkeit durch den Glauben an die Verdienste Christi ist etwas substanziell anderes. Paulus spricht in Philipper 4 vom Frieden, der allen Verstand überragt. Das gehört wiederum zum Einzigartigen im Sinn des noch nie Dagewesenen. In der Stoa dagegen ist die Vernunft letzte Instanz.

3. Mission

Das Einzigartige an der Mission im jüdisch-christlichen Glauben ist der Zeugnischarakter, der darin besteht, Nichtchristen mit der Menschenfreundlichkeit Gottes in werbender Weise bekannt zu machen, wobei es nicht um ein Überreden geht oder um ein apologetisches Kräftemessen. Es geht schlicht und einfach darum, Jesus als Person gewordene rettende Wahrheit auf den Leuchter zu stellen, weil er nach Matthäus 28,16–20 den Auftrag dazu gegeben hat.

Wegen der optimalen Menschenfreundlichkeit Gottes im Sinn eines non plus ultra hat die Mission auch ein großartiges apologetisches Potential. Zur Menschenfreundlichkeit Gottes gehört seine Einladung an alle Menschen zur Fülle schenkenden ewigen Gemeinschaft mit Jesus ohne Drohung. Auf offene Türen soll man achten und das drückt Petrus im 3. Kapitel seines ersten Briefes prägnant aus: *„Seid allezeit bereit zur Verantwortung gegen jeden, der von euch Rechenschaft fordert über die Hoffnung, die in euch ist, jedoch mit Sanftmut und Ehrerbietung.“* Damit ist der Respekt gegenüber Andersgläubigen deutlich genug zum Ausdruck gebracht.

D. Schriftverständnis

1. Geheimnis der Selbstauslegung

Die bereits in Augustins Werk „De Doctrina Christiana“ erwähnte Selbstauslegung der Bibel ist von den Reformatoren, insbesondere von Martin Luther, auf den Leuchter gehoben worden. Ich wüsste von keiner andern Religion, die in ihrer eigenen sogenannten Heiligen Schrift auf eine Selbstinterpretation hinweisen würde. Wir haben es hier mit einem sich von allen andern Religionen abhebenden Phänomen zu tun, mit einer Dynamik, die immer wieder auf die Mitte, auf den Erlöser Jesus Christus verweist. Diese Selbstinterpretation überlässt das Urteil der Wichtigkeit der Heiligen Schrift des AT und NT nicht einfach dem Leser. Es wird auf eine geheimnisvolle Art eine interne Gewichtung vorgenommen, so dass das Wichtigste ins Zentrum gerückt wird und das weniger Wichtige an den Rand; wir haben es also mit einer zentripetalen und einer zentrifugalen Kraft zu tun, die immer wieder beim Lesen im Gesamtzusammenhang die richtigen Proportionen von „wichtig“ oder weniger „wichtig“ zur Darstellung bringt.

2. Prophetische Verheißungen

Beim Amt des Propheten und seinen im Auftrag des lebendigen Gottes gesagten und aufgeschriebenen heilsgeschichtlichen Verheißungen, die teilweise bereits in Erfüllung gegangen sind, haben wir es mit einem Phänomen zu tun, das sich in keinen andern Religionen findet. In diesem Zusammenhang ist die Sammlung der Juden in ihrer angestammten Heimat im neu gegründeten Staat Israel ein Ereignis von höchster heilsgeschichtlicher Brisanz.

3. Inspiration

Die Zusammengehörigkeit der 66 Schriften des AT und NT aufgrund des gemeinsamen heilsgeschichtlichen „cantus firmus“, geschrieben im Zeitraum von ca. 1500 Jahren von mehr als 40 der Herkunft nach sehr verschiedenen Autoren, die sich häufig nicht gekannt haben, das ist schlechthin ein in andern Religionen nicht zu findendes einzigartiges Mysterium.

Dieses Mysterium gründet auf der alle Schriften zusammenhaltenden Kraft des Heiligen Geistes, der auch hinter der bereits erwähnten Selbstauslegung der Heiligen Schrift steht.

E. Soteriologie und Eschatologie

1. Erlösung ist ganzheitlich

Die Rettung oder anders gesagt die Wiederherstellung des Menschen und seiner Bestimmung nach Gottes ursprünglichem Plan geschieht ganzheitlich, das ist das eschatologische Ziel. Es ist nicht nur der Kern der Person, die Seele, welcher im Sinn der von Gott in Christus geschenkten Gerechtigkeit Heil widerfährt, auch dem Leib widerfährt Erlösung durch die Auferstehung im Sinn eines verklärten Körpers; ja die ganze Materie als Kosmos ist in diese eschatologische Erneuerung einbezogen. Weil die Sünde, die Sonderung als gewollte Loslösung von Gott, aufgehoben ist, spiegelt sich das auch in der Materie, die in der eschatologischen Vollendung von Auflösungs- und Zersetzungsprozessen befreit sein wird. Im Hinduismus wie im Buddhismus sollen die unzähligen Reinkarnationen schließlich zur Auflösung der Individualität führen, was als masochistisches Prinzip zu qualifizieren ist und keinesfalls als Erlösung.

In Bezug auf die Schriftreligionen ist hervorzuheben, dass die jüdisch-christliche Hoffnung im Unterschied zum Islam die verklärte Materie kennt, während für den Islam das Paradies oder das vollendete Reich Gottes so etwas wie die Fortsetzung der irdischen Verhältnisse unter idealen Bedingungen und die Befriedigung biologischer Bedürfnisse ist, was übrigens auch für die Zeugen Jehovas gilt. Die Definition vom Reich Gottes in Römer 14,17 hebt sich von Paradiesvorstellungen anderer Religionen ab und bringt das Wesentliche auf den Punkt: *„Das Reich Gottes besteht nicht in Essen und Trinken, sondern in Gerechtigkeit und Frieden und Freude im Heiligen Geist.“*

Nach Jesaja 25,6–8 gehört der sinnenhafte Bereich beispielsweise von Essen und Trinken durchaus zum vollendeten eschatologischen Reich, wenn vom Festmahl für alle Völker die Rede ist, vom Festmahl unter den Rahmenbedingungen der abgewischten Tränen und des beseitigten Todes. Römer 14,17 widerspricht dem nicht, weist aber darauf hin, dass die sinnliche oder leibhafte Dimension nicht das Zentrale ist, dennoch aber etwas sehr Wichtiges ist.

2. Das Wesentliche der Vollendung

Die zentrale Rolle im vollendeten Reich Gottes ist nach Offenbarung 7,9–12 die Anbetung durch die „Ecclesia triumphans“, die aus Erlösten aller Nationen, Stämmen, Völkern und Sprachen besteht. Wir haben es mit der himmlischen Liturgie als konzentrierter Anbetung zu tun. Anbetung in anderer Form wird das Sich-Vertiefen sein in all die Schätze, die der dreieinige Gott zur Bewunderung ausgestellt hat, insbesondere die Galerie seiner vernunftbegabten vollendeten Geschöpfe. Mit diesen wird im persönlichen Austausch das zu Bewundernde noch intensiviert zur Ehre Gottes, aber auch zur eigenen Erbauung und fortwährenden beseligenden Horizonterweiterung.

Die Wahrheit als das von Gott ursprünglich Gewollte manifestiert sich im Leibhaften, das als Gestalt oder Form die Eigenschaft höchster Ästhetik haben wird. F. Ch. Oetinger hat es mit seiner berühmten Aussage treffend formuliert: „Das Ende aller Wege Gottes ist die Leiblichkeit.“

Mit der Inkarnation der zweiten Person der Heiligen Dreifaltigkeit, mit dem im Prolog des Johannes erwähnten „sarx egeneto“ wissen wir um die Heiligung der Materie, die gerade in der Anbetung eine ganz wichtige Rolle spielt. Die in Offenbarung 14,1–3 den Lobpreis Darbringenden befinden sich im Bereich der Vollendung und sie bringen für den Erlöser, das Lamm, ein geistliches Opfer, das durch Gesang und Harfen geschieht, also durch sinnenhafte Mittel verklärter Materie. Alle bisher erwähnten Kriterien – und es handelt sich nur um eine Auswahl von vielen andern – finden ihre Zusammenfassung in der „humanitas dei“, der Menschenfreundlichkeit Gottes. Nirgends sonst gibt es eine Eschatologie und Vollendung, wo der Mensch als Geschaffener sich weiterhin qualitativ von Gott als dem Schöpfer unterscheidet, aber trotz seiner Grenzen in die himmlische Liturgie eingebunden wird, um sein Bestes für den dreifältigen Gott zu geben, nämlich Anbetung im Lob und Preis mit seiner individuellen Stimme, mit seiner Gestik der erhobenen Arme und Hände als Glied im Chor der „Ecclesia triumphans“, welche die himmlische Symphonie zu Gehör bringt. Im Erforschen der Tiefen Gottes wird der Erlöste auch sein Bestes in intellektueller Hinsicht geben dürfen als bedeutender Aspekt der Anbetung. Niemand kann ernsthaft die Menschenfreundlichkeit Jesu in Frage stellen; denn diese entspricht dem allen Menschen eingepflanzten Gerechtigkeitssinn. Deshalb gibt es für niemanden eine Ausrede, dem Urheber dieser Menschenfreundlichkeit eine Absage zu erteilen.

Jesus fordert also universelle Anerkennung, der sich kein Mensch entziehen kann, und so setzt sich seine Absolutheit und Einzigartigkeit in erhabenster Weise durch. Wer die Absolutheit des jüdisch-christlichen Glaubens ablehnt und sich für Wahrheitsrelativismus stark macht, bedenkt nicht, dass dadurch Tür und Tor geöffnet wird für totalitäre menschenverachtende Ideologien, denen nicht mit dem nötigen Widerstand begegnet wird und die so die offene Gesellschaft mit ihrer Glaubens- und Gewissensfreiheit letztlich zerstören.

Das Bekenntnis zur Absolutheit und Einzigartigkeit des jüdisch-christlichen Glaubens ist der beste Schutz für eine Gesellschaft mit echter Toleranz und Menschenwürde. So sind wir gut beraten, der Proklamation des Apostels Paulus in Bezug auf Jesu Absolutheitsanspruch in Philipper 2,9–11 voll zuzustimmen:

„Gott hat Jesus über die Massen erhöht und ihm den Namen geschenkt, der über jedem Namen ist, damit in dem Namen Jesus sich beuge jedes Knie derer, die im Himmel und auf Erden und unter der Erde sind, und jede Zunge bekenne, dass Jesus Christus der Herr ist, zur Ehre Gottes, des Vaters."

Literatur

Marc Aurel, *Selbstgespräche*, Auswahl von Karl Preisendanz, Wiesbaden, 1950.

Epiktet, *Handbüchlein der Moral und Unterredungen*, hrsg. v. Heinrich Schmidt, Leipzig, 1935.

Glasenapp, Helmut von, *Die fünf Weltreligionen*, Köln, 1963.

Hesiod, *Werke und Tage*, Stuttgart, 2007.

Vinzenz von Lerinum, *Commonitorium 2. (3)*, Bibliothek der Kirchenväter, Band 20, München, 1914.

Schnabel, Eckard J., *Urchristliche Mission*, Wuppertal, 2002.

Schweizer, Eduard, *Ego eimi. Die religionsgeschichtliche Herkunft und theologische Bedeutung der johanneischen Bildreden, zugleich ein Beitrag zur Quellenfrage des vierten Evangeliums*, Göttingen, 1965.

Steube, Werner, *Das Christentum und die anderen Religionen bei Carl Heinz Ratschow*, Nürnberg, 1998.

Stuhlmacher, Peter, *Biblische Theologie und Evangelium. Gesammelte Aufsätze*, WUNT 146, Tübingen, 2002.

Webster's Seventh Collegiate Dictionary, Springield, Mass., USA 1967.

Harald Seubert

Der Gott der Philosophen und die Wahrheit des Glaubens

Möglichkeiten und Grenzen christlicher Philosophie

Der Bruch zwischen dem Gott der Philosophen und dem Gott Abrahams, Isaaks und Jaakobs ist kaum irgendwo so deutlich gemacht worden wie in dem „Mémorial", das Blaise Pascal nach seiner tiefen Erweckungserfahrung festhielt und in das Futter seines Mantels einnähen ließ, damit er am Rascheln immer an diese Wahrheit erinnert würde. Am 23. November 1654 notiert der große französischer Philosoph und Mathematiker, im Rückblick auf sein Damaskus-Erlebnis: „Feuer. Gott Abrahams, Gott Isaaks, Gott Jakobs, nicht der Philosophen und der Gelehrten. Gewißheit, Gewißheit, Empfinden, Freude. Friede. Gott Jesu Christi. Deus meum et Deum vestrum. Dein Gott wird mein Gott sein. Freude. Tränen der Freude. Ich habe mich von ihm getrennt. ‚Mein Gott, warum hast Du mich verlassen?'. Möge ich nicht ewig von ihm geschieden sein. Ich habe mich von ihm getrennt. Ich bin vor ihm geflohen. Habe mich losgesagt von ihm, habe mich gekreuzigt. Möge ich nie von ihm geschieden sein! Nur auf den Wegen, die das Evangelium lehrt, kann man ihn bewahren."[1] Ist also, wie es von hier her den Eindruck haben könnte, der Bruch zwischen Athen und Jerusalem mit Tertullians Worten total? Und ist „Christliche Philosophie" demnach ein „hölzernes Eisen"?

Als solches hatte sie immerhin jedenfalls Heidegger einmal bezeichnet. Bemerkenswerterweise im Ausgang von gemeinsamen Seminaren mit Rudolf Bultmann sprach er von der Philosophie und der Theologie als von „Todfeinden"; zugleich aber meinte er, sie seien in verschiedenen Bereichen verankert. Die Theologie sei eine „positive" Wissenschaft", denn sie orientiere sich an der

[1] Blaise Pascal, *Mémorial*, in: ders., Vermächtnis eines großen Herzens. Die kleineren Schriften, hrsg. von Wolfgang Rüttenauer, Leipzig, 1938, 150. Siehe auch: Jacques Attali, *Blaise Pascal. Biographie eines Genies*, Stuttgart, 2006, 190 ff.; Eduard Wasmuth, *Der unbekannte Pascal*, Regensburg, 1962.

unbefragbaren Gegebenheit, der Christlichkeit, dem Glauben.[2] Die Philosophie dagegen sei die nie abschließbare existentielle Fragebewegung, die in den abgründigen Zusammenhang der Frage nach dem Sinn von Sein verweist.

I. Vier Paradgimata christlicher Philosophie

Ungeachtet dieser advocati Diaboli gibt es eindrucksvolle und große Profile christlicher Philosophie. Vier Ausprägungen sollen zunächst paradigmatisch (im Sinne von „para-deigma“: das nebenher Gezeigte) in ihren Grundrissen vergegenwärtigt werden. Die Paradigmen entstammen unterschiedlichen Epochen und sie sind auch in ihrer Denk- und Begriffsstruktur durchaus verschieden profiliert. Freilich können hier nur die Ansatzpunkte sichtbar gemacht werden.

1. Im Platonismus der Alten Kirche, in der Patristik, findet man eine Linie, die, im Anschluss an die Areopagrede des Paulus, die christliche Offenbarung als Einlösung und sichtbare Manifestation dessen benennt, das im Platonismus gesucht wurde.[3] Justin hat die Philosophie als größtes Geschenk Gottes an den Menschen verstanden („theodosis“) und selbst als eine Weise der Offenbarung.[4] Und ähnlich bemerkt Clemens von Alexandrien, dass die antike Philosophie von Gott herkommend eine Uroffenbarung sei.[5] Während sich der Platonismus als die Wahrheit der griechischen Tragödie begriff, begriff sich also das frühe Christentum als Wahrheit des Platonismus. Die harnacksche These von einer

---

[2] Martin Heidegger, *Phänomenologie und Theologie* (1927), in: ders., Wegmarken, GA Band 9, Frankfurt a. M., 1976, 45 ff.; siehe auch Rudolf Bultmann und Martin Heidegger, *Briefwechsel 1925–1975*, hrsg. von Andreas Großmann und Christof Landmesser, Frankfurt a. M., 2009.

[3] Vgl. hierzu die differenzierte Darstellung: Theo Kobusch, *Christliche Philosophie. Die Entdeckung der Subjektivität*, Darmstadt, 2006. Siehe auch Wolfhart Pannenberg, *Theologie und Philosophie. Ihr Verhältnis im Lichte ihrer gemeinsamen Geschichte*, Göttingen, 1996, insbesondere 20 ff. Gegenüber den Hellenisierungsthesen provozierend, aber nicht falsch ist die Aussage von Hanns Christof Brennecke: „Eine Begegnung von christlichem Glauben und griechischem Geist konnte […] nie stattfinden, da beide nie getrennt waren“, ders., *Der Absolutheitsanspruch des Christentums und die religiösen Angebote der Alten Welt*, in: Joachim Mehlhausen (Hrsg.), Pluralismus und Identität, Gütersloh, 1995, 380 ff.

[4] Vgl. Justin, *Dialogus cum Tryphone 3*, 3 p. 74.

[5] Clemens, *Stromata VI 8. 67*. u. ö.

„Hellenisierung des Christentums“ wird auch von hier her eo ipso fragwürdig: Denn hellenistisches Denken wird durch die christliche Offenbarung adaptiert und verändert, indem es zugleich mit neuen Inhalten gefüllt wird. Dies wird besonders am Gottesgedanken deutlich. Gott erweist sich nicht länger als jenseitig und abstrakt. Er ist in Christus Mensch geworden, geschichtlich, in Zeit und Geschichte eingetreten. Denker wie Endre von Ivanka oder Werner Beierwaltes haben den „Platonismus im Christentum“ freigelegt.[6] Wenn man aber die Ausgestaltung der maßgeblichen hellenistischen Philosophien in ihrem Verhältnis zum Christentum betrachtet, der Stoa oder auch des Neuplatonismus, wird deutlich: Die Topoi vom inneren Menschen und inwendigen Lehrer, von dem inneren Wort, der Homoiosis an Gott, oder auch der Topos vom Gewissen sind zwar unstrittig philosophisch vorgeprägt. Sie folgen eben der stoischen oder der neuplatonischen Philosophie. Doch zugleich werden sie im Sinn von christlichen Grundtexten wie der Areopagrede des Paulus transparent gemacht auf die Offenbarung des „Einen“, den sie bisher gesucht hätten. Der „unbekannte Gott“, von dem schon die griechischen Mysterien sprachen, erhält nun ein Gesicht. Die „Idee des Guten“ selbst (die „idea tou agathou“), wird enthüllt. Dies bedeutete bereits bei Platon, dass die unbedingte Gültigkeit der Idee mit der Einsicht in menschliche Endlichkeit verbunden wird. Die Offenbarung soll zeigen, wer der Gott der Philosophen ist. Indes gibt es, wie der Bericht der Areopagrede (Apg 17,16–34) besonders eindrücklich zeigt, Grenzen. Das Wort vom Kreuz bleibt solcher Philosophie ein Ärgernis und letztlich fremd. Wunderbar hat Augustinus dieses Verhältnis bestimmt und daraus einige Linien christlicher Philosophie extrahiert, denen er selbst folgen sollte: „Keine anderen Philosophen sind uns so nahe gekommen wie die Platoniker.“[7] Sie hätten sogar die Trinität geahnt. „So hat Gott ihnen das, was erkennbar ist von ihm, geoffenbart, indem sie das Unsichtbare an ihm durch das Gewordene erkannten und schauten, auch seine ewige Kraft und Gottheit“.[8] Nur vor dem eigentlich Entscheidenden: der Menschwerdung Gottes, seien sie zurückgescheut. Damit zeigt Augustinus zugleich an: Die wahre christliche Philosophie muss diese Grenze überschreiten. Sie überwindet damit auch die gnostische Trennung zwischen Schöpfung und Erlösung der Welt.

---

[6] Vgl. Werner Beierwaltes, *Platonismus im Christentum*, Frankfurt a. M., 1998, und Endre von Ivanka, *Plato Christianus. Übernahme und Umgestaltung des Platonismus durch die Väter*, Einsiedeln, [2]1990.

[7] Augustinus, *De Civitate Dei* VIII, 5.

[8] aaO., X, 29.

2. Ein zweites Paradigma, das unmittelbar daran anschließt, entfaltet sich in den erstaunlich vielfältigen Labyrinthen der mittelalterlichen Philosophie und Theologie zwischen Mystik und Scholastik: In einschlägigen programmatischen Bestimmungen ist die Spannung, die sich zwischen der „fides quaerens intellectum" und dem aus Tertullian extrahierten „credo quia absurdum" abspielt, immer wieder thematisch gemacht worden. Anselm von Canterbury hat im 11. Jahrhundert in seinem Ansatz des „einen" Argumentes („unum argumentum") darauf mit der Aussage reagiert, er wolle argumentieren: „remoto Christo", so als habe er nie etwas von Christus gehört. „Penitus nihil": gar nichts solle aus der Heiligen Schrift selbst gewonnen werden, denn gerade dadurch könne die Wahrheit ihrer Aussagen für die Vernunft dargelegt werden. „Rationes necessariae, sola ratione"[9]: Nur die erkennende Vernunft, gedacht als Licht vom Licht der Wahrheit Gottes, solle sprechen. Anselm macht freilich eine entscheidende Ausnahme. Er betet zu Gott mit Gottes Wort: vor allem in Psalmen. Sie durchziehen seine Schriften, besonders auch den Gottesbeweis.

Thomas von Aquin traf die Bestimmung gut zweihundert Jahre später in etwas anderer Weise. Die „Ratio", so seine methodische Grundsentenz, ist natürliches Licht der Vernunft. Die Offenbarung wird ihr nicht widersprechen. Sie wird sie aber ergänzen und vollkommen machen. Klassisch geworden ist diese Konzeption bis hin zur Enzyklika ‚Fides et ratio' von Papst Johannes Paul II. (1998).

Am prominentesten ist für jenes zweite Paradigma der „Christlichen Philosophie" des Mittelalters Meister Eckharts Programm, das zu Recht als Konzeption einer christlichen Philosophie par excellence verstanden wurde, wonach das, was die Heilige Schrift sagt, allein mit Vernunftgründen dargetan werde: „exponere per rationes naturales philosophorum."[10] und noch markanter: „Es ist dasselbe, was Moses, Christus und Aristoteles lehren, es unterscheidet sich nur in der Art und Weise."[11]

Die Zielsetzung Eckharts reicht dabei sehr weit in die Konkretion biblischer Offenbarung hinein. Auch die Grundwahrheiten der Schrift: Menschwerdung Gottes, Erschaffung der Welt sollen mit philosophischen Gründen bewiesen

---

[9] Anselm von Canterbury, *CProslogion*, Praefatio 2 f.

[10] Meister Eckhart, Lateinische Werke III, 4.

[11] Ibid., 155. Siehe auch Kurt Flasch, *Meister Eckhart. Philosoph des Christentums*, München, 2010 und ders., *Meister Eckhart. Die Geburt der „Deutschen Mystik" aus dem Geist der arabischen Philosophie*, München, 2006.

werden. Mehr noch: Die Bibel enthalte alle Naturerkenntnisse und werde diese Essenz zu erkennen geben, wenn sie denn philosophisch gelesen und interpretiert werde. Eckhart legt, was hier nicht im Einzelnen gezeigt werden kann, aristotelische und platonisch-neuplatonische Kategorien an den biblischen Text an. Doch er meint hier, nichts Fremdes ins Spiel zu bringen, sondern nur zu akzentuieren, was der Text der Heiligen Schrift implizit schon enthält. Insofern kommen die Hermeneutik mehrfachen Schriftsinns und eine symbolische Lesart in seinem Konzept christlicher Philosophie zum Tragen. Dies geschieht aber so, dass der heilige Text selbst den Maßstab vorgibt und leitende Instanz bleibt. Darin liegt der große und bedeutsame Unterschied gegenüber späteren symbolischer Lesarten, etwa in der Epoche der Aufklärung. Eckhart bezieht sich auf das Fundament, das er in seiner Deutschen Predigt 73 so benennt: „Ich sage oft und denke es noch öfter: Es ist ein Wunder, dass Gott Vernunft in die Seele gegossen hat."[12]

Dennoch wird man zu Recht fragen können, ob dadurch nicht das Wort Gottes als letzte Instanz selbst entmächtigt wird? Der christliche Philosoph hat bei Meister Eckhart eine unmittelbare Gotteserkenntnis: Sie zeigt sich als unio mystica, das Gottesfünklein in der Seele, das zu einer unmittelbaren Korrespondenz führen kann. Dies kann unsere Skepsis vermutlich noch steigern. Und bleibt nicht von hier her im Licht von Luthers Diktum in seiner „Disputatio de homine" daran zu erinnern, dass uns die Philosophie über irdische Dinge belehren könne, auch über Politik und Ethik, aber nicht darüber, wer der Mensch wirklich ist?[13] Denn über die Relation „coram deo" könne sie nichts sagen. Von Luther her scheint ein unerlässliches Fragezeichen angebracht und zugleich das Profil eines Philosophierens unter dem Kreuz angezeigt. Das beeindruckene eckhartianische Paradigma ist dadurch aber in seinem Anspruch keineswegs entwertet.

3. Erstaunlich genug könnte es nach der linearen Vorstellung einer sich säkularisierenden Geistesgeschichte sein, dass auch nach der Aufklärung, nach den Versuchen einer Begründung von Erkenntnis auf Subjektivität, der Anspruch christlichen Philosophie immer wiederkehrt. Besonders prägnant geschieht dies in der Zeit nach Kant in der Spätphilosophie Schellings, namentlich in seiner

[12] *Deutsche Werke III*, 261.

[13] Vgl. Luther, *Disputatio „De homine"*, hier nach: G. Ebeling, Lutherstudien Band II, Disputatio de homine 1. Teil, 15 ff.

„Philosophie der Offenbarung".[14] Schelling lehrt eine Zweiteilung der Philosophie: auf der einen Seite die negative, rein rationale Philosophie. Sie kann einen Begriff Gottes finden. Doch erfasst sie ihn dabei nur in seiner Formalstruktur und nur als Denkmöglichkeit. Dabei kann sie das Wesen Gottes bis in die Struktur von Schöpfung, Menschwerdung und trinitarischer Verfassung denken. Dass Gott aber realiter ist, dass er sich in Freiheit der Welt zugewandt hat und in die Geschichte eingetreten ist, dies kann sie mit ihren rationalen Möglichkeiten nicht zeigen. Dies erweist sich erst angesichts der Gottesgeschichte, von Gottes Manifestation im Zeugnis der Offenbarung. In dieser Wirklichkeit Gottes offenbart sich zugleich seine Freiheit, die sich auf keine begriffliche Bestimmung festlegen lässt. Dies ist für Schelling die bleibende Wahrheit der Einsicht von Augustinus: „Wenn du es begreifst, so ist es nicht Gott." Und Augustinus fügte hinzu, Gott könne man allenfalls berühren, umfassen könne man ihn nicht. Berühren in einer Gravitation auf den Schwerpunkt allen Denkens und Seins, die eigentliche Schwermut, in einem Stich und Stoß in das innerste Herz.

Offenbarung versteht Schelling dem etymologisch-semantischen Wortsinn gemäß als Apokalypsis bzw. Revelatio: Von den Verheißungen des Alten Bundes, aber auch der antiken Philosophie und der Weltreligionen ist der Schleier weggezogen und Gottes Wahrheit und Wirklichkeit wird sichtbar. Die Absolutheit des christlichen Glaubens zeigt sich nicht im abstrakten Begriff, sondern in der Offenbarkeit seiner Realität, darin, dass er eingelöst ist. Wenn der Philosoph das Neue Testament liest und interpretiert, und dies tut Schelling in einer sehr inspirierenden exegetischen Weise, dann setzt er diese Wahrheit voraus, die er nicht konstituieren, sondern nur rekonstruieren kann. Die Begriffsarbeit der negativen Philosophie muss vorausgehen, damit die positive Philosophie überhaupt verstanden werden kann. Doch dann tritt eine Wendung ein. Die Philosophie wird demütig, hörend, sie wird aposteriorische Geschichtsschreibung.[15]

Dies ist natürlich gegen den aufklärerischen Ansatz einer universalen „Religion der Vernunft" entwickelt. Aber auch in kritischer Abgrenzung gegenüber Hegel, Schellings engstem und nächsten Jugendfreund. Hegel hatte bekanntlich als

---

[14] Vgl. dazu Harald Seubert, *Schelling interkulturell gelesen*, Nordhausen, 2006; siehe auch die ausgezeichnete Darstellung der Schelling'schen Spätphilosophie bei Peter Koslowski, *Philosophien der Offenbarung. Antiker Gnostizismus, Franz von Baader, Schelling*, Paderborn, 2001, insbesondere 565 ff.

[15] Vgl. hierzu Friedrich Wilhelm Joseph Schelling, *Einleitung in die Philosophie der Mythologie*, Erstes Buch, Sechster Hauptband, hrsg. von M. Schröter, München, 1927, 1-255.

Lutheraner – eine Identität, an der er immer festhielt – die Identität von Philosophie und wahrer Religion im Gegenstand, nicht aber im Medium und der Form konstatiert. Er sah sich als Philosoph zur Rechtfertigung der Wahrheit des christlichen Glaubens „verdammt", nachdem die Aufklärungs- und die Erfahrungstheologie (Schleiermacher) nur noch ein Gefühl, eine abstrakte Sehnsucht zuließ und nachdem Kant den Gottesbegriff allenfalls in die Postulate verlagert hatte.[16] Die Philosophie kann nach Hegel von der konkreten Wahrheit christlichen Glaubens nur in der „Aufhebung in den Begriff" sprechen, weil der neuzeitliche Vernunftbegriff so verengt worden sei, dass Gott aus ihm vertrieben wurde. Sie kann zeigen, dass nicht nur Einzelnes am Glauben vernünftig ist, sondern dass der Glaube selbst in höchstem Maße der Form der Vernunft entspricht. Ist doch nach Hegel die Grundstruktur des spekulativen philosophischen Begriffs Einssein, Entäußerung und sodann wiederum Rückkehr in die Einheit, eben der trinitarischen Selbstexplikation Gottes gemäß. Hegel wollte damit keine Konstruktion oder Setzung liefern, seine Aussagen sind nicht zuerst Zeichen einer Hybris.[17] Ihm geht es um die Rettung der ganzen und tiefen Wahrheit des christlichen Glaubens von der Menschwerdung Gottes im Medium des Begriffs, nachdem der unmittelbare Glaube in den Zeitgeistern der Aufklärungsepoche sein Salz verloren habe und seine eigenen Anhänger nur noch von Sehnsucht oder endlicher Erfahrung sprechen: Sie bezeugen das dürre Land, aber nicht die Kraft des christlichen Kerygmas. Jene „Aufhebung" – auch wenn man sie im dreifachen Sinn von „negatio", „conservatio" und „elevatio" versteht – bedeutet einen Misston, dass nämlich der christliche Glaube sich nicht mehr in und aus sich selbst rechtfertige. Hegel hat dies nachdrücklich bemerkt.[18] Hegel hat von hier her auch gefragt, ob nicht die Versöhnung zwischen Gott und der Welt in der Denkform der Aufklärung selbst negiert werde. Damit der Bogen zwischen Gott und den Menschen nicht bricht, hat die Philosophie die Aufgabe, in der nachaufklärerischen Not die gläubige Verkündigung

---

[16] Vgl. hier die klare und deutliche Positionierung: Georg Wilhelm Friedrich Hegel, *Philosophie der Religion*, Band I. Einleitung, Theorie-Werkausgabe Band 16, Frankfurt a. M., 1970, 9 ff.; siehe auch ders., *Die Idee im Element der Gemeinde*, ibid., Band 2, Theorie-Werkausgabe Band 17, a.a.O., 218 ff.

[17] Vgl. Günter Rohrmoser, *Glaube und Vernunft am Ausgang der Moderne. Hegel und die Philosophie des Christentums*, hrsg. von H. Seubert, St. Ottilien, 2009.

[18] So Theorie-Werkausgabe, a.a.O. Diese aufklärungskritische Rede vom „Misston" ist bestimmend für Hegels Topos von der „Aufhebung in den Begriff". Man kann daraus keineswegs jenen Vernunft-Triumphalismus ableiten, der darin mitunter fälschlich gesehen wird.

zu beerben. Er kann dies aber nur im Begriff tun. Es ist der Geist Gottes, der den Glauben in Kirche und Gemeinde wirkt. Wenn sie sich von ihm löst, kommt es zur Sünde gegen den heiligen Geist. Und Philosophen sind, auch das sagt Hegel sehr deutlich, Angehörige eines einsamen Priesterstamms. Damit gibt er, woran Günter Rohrmoser mit besonderem Nachdruck erinnert hat, die starke philosophische Antwort auf die Erosionen der Moderne. Hegels Denken ist insofern ein großes Dokument. Es ist zugleich verführerisch. Doch: Christliche Philosophie ist es nicht, denn es gibt dem Begriff den Primat.

Schelling hält Hegel zu Recht entgegen, dass auch die hegelsche Versöhnung im Bereich des bloßen Begriffs bleibe.[19] An eben diesem Punkt brachen die großen Differenzen des 19. Jahrhunderts auf: die paradoxale, philosophische Vernunft aufsprengende unmittelbare Gottesnachfolge bei Søren Kierkegaard, die die Kehrseite von Nietzsches Exklamation des „Todes Gottes" ist, kam in Gang, weil die begriffliche Versöhnung nicht länger überzeugte. Der späte Schelling hielt demgegenüber an einer christlichen Philosophie fest. Die Philosophie kann sich den Glauben nicht einverleiben. Sie hat ihn vorzubereiten, zu rekonstruieren und am Ende vorauszusetzen. Der späte Schelling ist somit „christlicher Philosoph", Hegel dagegen ist, noch einmal, der „Philosoph des Christentums" im Angesicht der modernen Welt. Einig aber waren sich die beiden Freunde, die im Tübinger Stift Zimmergenossen gewesen waren, seit ihren Anfängen darin, dass die Gottesfrage nicht länger ans Ende der Philosophie zu stellen sei (so ihr Vorwurf gegen Kant), sondern an den Anfang.

4. Die Konzeption und Intention „Christlicher Philosophie" ist schließlich auch im 20. Jahrhundert keineswegs abgetan. Dies wird bei näherem Blick auf die Ideengeschichte der letzten 300 Jahre nicht verwundern. Säkularisierung ist kein linearer Vorgang. Darauf hat Charles Taylor in seiner großen Monographie 2009 hingewiesen.[20] Sie ist auch in der Regel nicht selbstbegründet, sondern eher Rhetorik und Wunsch. Illusionär ist vor allem ihre Voraussetzungslosigkeit. Dies wiederum hat Daniel von Wachter in souveräner Weise gezeigt.[21]

---

[19] Siehe unter anderem: Friedrich Wilhelm Joseph Schelling, *Andere Deduktion der Prinzipien der positiven Philosophie*, Erste Vorlesung in Berlin (1841), in: Schellings Werke, Sechster Hauptband, München, 1927, 749 ff.

[20] Charles Taylor, *Ein säkulares Zeitalter*, Frankfurt a. M., 2009.

[21] Daniel von Wachter, *Die kausale Struktur der Welt. Eine philosophische Untersuchung über Verursachung, Naturgesetze, freie Handlungen, Möglichkeit und Gottes Wirken in der Welt*, Freiburg i. Br., 2009.

Wenn man die jüngeren Formationen erfassen will, scheint es naheliegend, ja zwingend, auf systematische ebenso wie auf historisch-genealogische Problemlagen Bezug zu nehmen.

Eine eigentlich christliche Philosophie bricht zunächst wieder auf (ich kann diese mich faszinierende Periode nur streifen) nach dem Ende des Ersten Weltkriegs, dieser „Jahrhundertkatastrophe" des 20. Jahrhunderts (George F. Kennan). Karl Barths erster Römerbrief-Kommentar aus dem Jahr 1919 mit seiner Aufsprengung des Kulturprotestantismus zeigt dabei eindrücklich, dass die Träume der Kultur- und Vernunftreligion, die christlichen Glauben zu einer Religion unter anderen gemacht hatten, in den Schützengräben gestorben waren. Die Vorstellungen einer intellektuellen Selbsterlösung wurden brüchig, als sich die großen europäischen Kulturen selbst zerstörten und zerrieben. Das Studium Kierkegaards und Dostojevskjs, gelesen durch den Blick von Nietzsches Diagnose vom Tod Gottes, bereiten einen neuen Blick auf die Erlösungsmacht des christlichen Glaubens vor. Das Böse im Menschen, das ohne die Erlösung Gottes selbst- und kulturzerstörend wirkt, wird wieder sichtbar. Der Marburger Germanist Walter Falk hat in seinem Buch „Glauben und Wissen um 2000" gezeigt, wie im Ersten Weltkrieg die Frage nach dem Bösen zum Schlüssel der neuen Frage nach Gott wird.[22] Zur selben Zeit wendet sich die für lange Zeit säkularisiert lebende Jüdin Edith Stein zum christlichen Glauben. Sie möchte damit im eigenen Fleisch und Leben den heilsgeschichtlichen Weg bezeugen. Edith Stein hat, ähnlich wie der damals noch unbekannte junge jüdische Philosoph Walter Benjamin, nach einem Erfahrungsbegriff gesucht, der tiefer und weiter reiche als die kantische Erfahrung der endlichen in Raum und Zeit gegebenen Welt. Alles endliche Erkennen und Denken führt auf einen absoluten Grund, von dem es sich herleitet und den es selbst nicht zum Gegenstand machen kann.[23] Stein und Benjamin haben unabhängig voneinander eindrucksvoll zu Protokoll gegeben,[24] dass sie eben danach suchten, nach einem Denken aus dem vorausgesetzten Grund, den es selbst nie einholen kann. Damit werden zentrale Dogmata der Moderne selbst in Frage gestellt: zum einen das Dogma

[22] Walter Falk, *Glauben und Wissen um 2000. Zu einer weltbewegenden Problematik und ihrer Herkunft*. Aus dem Nachlass hrsg. von H Seubert, Paderborn, 2003.

[23] Vgl. Edith Stein, *Endliches und ewiges Sein*, Edith-Stein-Gesamtausgabe, Freiburg i. Br., 2006. Siehe dazu Harald Seubert, *Heitere Nacht. Edith Stein. Praecepta Europae*, Hamburg, 2012, vor allem 42 ff.

[24] Siehe dazu das bewegende Zeugnis: Gershom Scholem, *Walter Benjamin. Die Geschichte einer Freundschaft*, Frankfurt a. M., 1975, insbesondere 111 ff.

des vermeintlich unendlichen Fortschritts, dem wir uns gar nicht entgegenstellen könnten. Er lässt, wie Benjamin weiß, Zerstörung und Leichenberge hinter sich zurück.[25] Zum anderen der Traum von der säkularen Selbstvervollkommnung des Menschen durch Bildung, Wissenschaft, Sozialpolitik.

Von heute her sehen wir dies noch einmal schärfer: Die totalitären Erfahrungen des 20. Jahrhunderts haben Schiffbruch erlitten, den nur libertären Ideen und Idealen droht dies heute auch. Um 1918 leuchtete die Einsicht Henri de Lubacs auf, dass ein Humanismus ohne Gott in die Tragödie führen müsse.[26]

Innerhalb der Phänomenologie, aber auch der beginnenden analytischen Philosophie bilden sich vor diesem Erfahrungshintergrund Inseln christlicher Philosophie, was hier nur angedeutet werden kann und vielfacher weiterer Erforschung wert wäre. Eine Brechung erfährt damit das noch von Husserl gelehrte Diktum, Philosophie sei zu einem „methodischen Atheismus“ verpflichtet. Die so orientierte Phänomenologie denkt von der Passivität des Gegebenseins, nicht von der Aktivität der Begriffskonstitution her. Eine dezidiert christliche Weltanschauung wird als Gegenblick zu der vermeintlich unabwendbaren Säkularisierung von Romano Guardini in die Waagschale geworfen.[27]

Wenn ich recht sehe, sind es zwei Ausprägungen christlicher Philosophie, die sich bis in die Gegenwart von hier her ausgebildet und die gerade in allerneuester Zeit ein bemerkenswertes Niveau erreicht haben. Ich übergehe die vielfachen Zwischenstufen und nähere mich sogleich dem heutigen Status des Problems:

i. Erstens ist die „Reformed Epistemology“ aus dem angelsächsischen Sprachraum zu nennen, die, vor allem von Plantinga und Swinburne vertreten, als Fundament, basic belief, nicht nur eine begriffliche Selbstevidenz oder die sinnlich-empirische Gewissheit zulässt, so wie dies in der angelsächsischen empiristischen Tradition, in der sie stehen, unumgänglich scheint. Dieser Ansatz zeigt,

---

[25] Vgl. dazu insbesondere die berühmte IX. Geschichtsphilosophische These aus dem Jahr 1940, Benjamin, *Gesammelte Schriften*, Band 1, Frankfurt a. M., 1974, 697 f.

[26] Henri de Lubac, *Die Tragödie des Humanismus ohne Gott: Feuerbach-Nietzsche-Comte und Dostojewskij als Prophet*. Übers. von Eberhard Steinacker, Salzburg, 1950, insbesondere 23 ff.

[27] Vgl. Romano Guardini, *Christliche Weltanschauung und menschliche Existenz*, München, 1999 pass.

indem die agnostische oder gar atheistische Gegenthese konsequent ad absurdum geführt wird, dass auch religiöse Überzeugungen „fundamental basic" sein können. Im Blick auf das Eingreifen Gottes in die Welt und die Ontologie von Wundern lässt sich dieser Ansatz sehr innovativ fortschreiben.[28] Plantinga geht explizit davon aus, dass Christen aufgrund ihrer Berufung ermächtigt und verpflichtet seien, eigenständig und dezidiert als Christen zu philosophieren. Stark ist jene Argumentation gerade dort, wo sie die Fiktion von einer möglichen Voraussetzungsfreiheit einer philosophischen Theorie in Frage stellt. Plantinga weiß um die Grenze seines Anspruchs. Zu einer Letztbegründung führen die Argumente offensichtlich nicht. Vielmehr geht er von einem „sensus divinitatis" aus, mehr noch: von dem Zeugnis des Heiligen Geistes, das im Menschen wirkt und ihn auf die beiden Erkenntnisgrundlagen, die Offenbarung in der Heiligen Schrift und die Fähigkeit, sichere Überzeugungen zu gewinnen, verweist.

ii. Methodisch und von den Schulprägungen her ganz anders gelagert, aber von großer Kraft und faszinierender Ausstrahlung ist die phänomenologische Ausprägung christlicher Philosophie in der jüngeren Französischen Philosophie. Sie geht von der Gegebenheit der Offenbarungswahrheit aus und sucht dann mit philosophischem Instrumentarium zu zeigen, welche Art von Wahrheit dies ist. Hier hebe ich die großen Arbeiten von Michel Henry heraus: „Inkarnation. Eine Philosophie der Fleischwerdung des Wortes (Logos) Gottes" und „Ich bin die Wahrheit"[29]: die Verleiblichung der Wahrheit in Christus wird als Wahrheit hingenommen, als reales Widerfahrnis, von dem das Denken ausgeht, und, damit werden der Prolog des Johannesevangeliums oder der Christushymnus im Philipperbrief des Paulus (Phil 2,6–11) Grundtexte des Philosophierens. Henry lässt bezeichnenderweise als Forschungsliteratur neben der Bibel fast ausschließlich die Kirchenväter des Frühchristentums zu.

Damit ist zugleich ein systematischer Anspruch verbunden: Nicht von der cartesianischen Trennung von Subjekt und Objekt her zu denken, nicht Welt aus dem transzendentalen Selbstbewusstsein der Neuzeit, und auch nicht als Immer-

---

[28] Vgl. zu dem einschlägigen Argument Alvin Plantinga, *Warrant and Proper Function*, New York, 1993; siehe dazu auch Gianfranco Schultz, *Reformed Epistemology und Reformatorische Philosophie. Zu Alvin Plantinga und Herman Dooyeweerd* in: Sven Grosse und Gianfranco Schultz (Hrsg.), Möglichkeit und Aufgabe christlichen Philosophierens. Münster, 2011, 171 ff.

[29] Michel Henry, *Inkarnation. Eine Philosophie des Fleisches*, Freiburg i. Br., 2002 und: ders., *„Ich bin die Wahrheit". Für eine Philosophie des Christentums*, Freiburg, ^{2}1999.

schon-Sein bei einer Welt, im Sinne Heideggers, zu begreifen, sondern aus dem Sich-selbst-gegeben-Sein als Geschöpf, dessen Selbstwerdung die Einholung seines Geschöpflich-Seins ist. Dies sei schlechterdings das Grund- und Urphänomen.[30]

Wenn man die „Reformed Epistemology" als Kontrast zugrundelegt, wird sichtbar, dass jene französische Phänomenlogie in das „höher als alle Vernunft" des Glaubens führt.[31] Die „Reformed Epistemology" und verwandte Formen sind hingegen Inbegriff der aktuellen Ausbildung der „fides quaerens intellectum". Die Wirklichkeit Gottes ist, so sagt es Jean-Luc Marion, Überwältigtwerden, excès, ein Zu-sich-Kommen des Subjektes in der alle Verheißung aufsprengenden Totalität der Offenbarung Gottes.[32]

Ich ziehe damit ein vorläufiges Resümee: Wir können im Blick auf diese ausgewählten Ausprägungen christlicher Philosophie aus vier Zeitaltern nun zumindest in Umrissen erkennen, was christliche Philosophie ist und wovon sie sich unterscheidet:

Sie ist (1) auch, aber nicht nur, die Frage nach dem Glutkern christlichen Glaubens, der einer säkularen Welt, sowohl in der Dimension der Menschenwürdefrage, wie auch von Vergebung und Verzeihung unverzichtbar ist. Ohne dies verliert diese Welt ihr Maß, das sie nicht aus sich selbst haben kann.

(2) Sie ist schon gar nicht von einer „Religion der Vernunft" her zu erreichen, die die Überholbarkeit aller konkreten Religionen in einem übergeordneten Vernunftzusammenhang als Ziel der Geschichte annimmt.

---

[30] Dazu Henry, *„Ich bin die Wahrheit"*, a.a.O., 250 f.

[31] Einen eigenen Weg beschreibt in diesem Zusammenhang auch Lorenz Bruno Puntels Versuch einer ontologischen Auffassung des Gottesbegriffs. Siehe ders., *Sein und Gott. Ein systematischer Ansatz in Auseinandersetzung mit M. Heidegger, É. Lévinas und J.-L. Marion*, Tübingen, 2010. Zu der Auseinandersetzung mit diesen Rationalitätsformen heutiger Religionsphilosophie vgl. auch: Hanna-Barbara Gerl-Falkovitz (Hrsg.), *Jean-Luc Marion. Studien zum Werk*, Dresden, 2012. Darin auch ein einschlägiger kontrastiver Aufsatz von mir.

[32] Vgl. als ersten Zugang den Sammelband: Michael Gabel/Hans Joas (Hrsg.), *Von der Ursprünglichkeit der Gabe. Jean-Luc Marions Phänomenologie in der Diskussion*, Freiburg i. Br., 2007.

(3) Sie setzt Glauben voraus. Damit verbindet sie den Ausgriff auf unbedingte Wahrheit mit dem Wissen um die Grenze der Vernunft. Diese Grenze ist nicht mehr und nicht weniger als die Freiheit und Wirklichkeit Gottes. Der christliche Philosoph wird deshalb in der Anerkenntnis der Grenzen der Vernunft zugleich die Formkraft und die Prägung seines Denkens finden.

(4) Ein großer Unterschied zwischen spätantik-mittelalterlichen und neuzeitlich-modernen Ausprägungen christlicher Philosophie ist dabei unverkennbar: In einer zumindest ihrem (akademischen) Selbstverständnis nach weitgehend säkularen Welt, einer Welt, die erstmals sich in einigen ihrer einflussreichen Strömungen als „nach-christlich" versteht, schwimmt christliche Philosophie gegen den Strom. Sie wird daher auch bestimmte Grundzüge der gängigen neuzeitlichen Philosophie in Frage stellen; etwa den nachcartesischen Anspruch einer Letztfundierung aus der Subjektivität und der Voraussetzungslosigkeit ihrer Begründungsansprüche.

Und, was mir beim Umgang mit diesen Ansätzen stets auffällt und was mich dabei bewegt: Nicht der Glaube ist partial, so dass er durch eine höherstufige und umfassendere Vernunftkonzeption gleichsam auf den Allgemeinbegriff gebracht und korrigiert werden könnte. Die verschiedenen philosophischen Konzeptionen erfassen vielmehr nur gleichsam einen Ausschnitt, eine Perspektive der sehr viel reicheren christlichen Wahrheit. Hegel erfasst die Kenose Gottes, Schelling die Eingrenzung der göttlichen Macht, die neueren französischen Phänomenologen dagegen die Fleischwerdung des Logos im Sinn des Johannesprologs.

II. Der Gott der Philosophen und die Wahrheit des Glaubens

1. Damit zeigt sich auch: Die Frage nach dem Verhältnis des Gottes Abrahams, Isaaks und Jakobs zur Wahrheit des Gottes Jesu Christi durchzieht als der systematische Kern die verschiedenen Konzeptionen christlicher Philosophie. Er soll nun systematisch herausgeschält werden.

Was der Gott der Philosophen sei, ist zuerst paradigmatisch von Platon gedacht worden: Eins mit der Idee des Guten, mit Vernunft und Wahrheit sollte der Gott (ho theos) oder das Göttliche (to theion) sein. Dies bedeutete eine klare Kritik an den mythologischen Gottesbildern des griechischen Mythos, auch an deren „anthropomorphe", der Menschengestalt und der künstlerischen Manifestation, in der die griechische Antike Gott – und das Göttliche – dachte.[33] Platon spricht von „dem Gott“ (ho theos), mitunter auch von „einem Gott“ und – was vor allem im Neuplatonismus wesentlich werden wird –, vom göttlichen Einen (hen) des Neuplatonismus. Aristoteles gibt in Met. XII.7 die beiden Epitheta dieses Gottes an: Er ist „kinoun akineton“: unbewegter Beweger, und er ist reines Denken, genauer: sich selbst denkendes Denken (noesis noeseos). Die erste Kennzeichnung bedeutet: ein erster Anfang, aus dem alles Sein und seine Veränderungen hervorgeht und der selbst nicht von anderem bedingt ist. Andernfalls entstünde ein infiniter Regress von nur verursachten Bewegungen. Dies wäre eine materialistische Auffassung. Der Gott ist Urbild und zugleich ontologischer Anfangsgrund einer wohlgeordneten, vernunfthaften Welt. Die Lebensform des Philosophen (bios theoretikos) kommt ihm am nächsten. Sie ist Anähnlichung an den göttlichen Grund: „homoiosis tou theou“.

Damit ist die Matrix gezeichnet. Die konkreten Bestimmungen des Gottes der Philosophen verändern sich. Doch in dem Einen, dem das All in sich schließenden Gott der Philosophen des Spinoza, und in dem Gottesgedanken des „intellectus archetypus“ bei Kant kehren die grundlegenden Momente wieder. Jener Gott der Philosophen ist „aei ōn“: immer Seiendes, zeit-übergreifend und absolut. Er bleibt, wie Robert Spaemann treffend schrieb, die „unsterbliche Hypothese“[34]. Freilich ist eben diese Bestimmung ein Paradoxon: Hat doch Platon darauf hingewiesen, dass Gott jenseits aller Voraussetzungen ist (an-hypotheton): Garant einer situationsinvarianten Wahrheit und einer Beruhigung der menschlichen Affekte. Ihm kann sich die Philosophie erst am Ende ihrer Fragebewegung annähern.

An einer Klärung ist mir in diesem Zusammenhang noch gelegen: Der Gott der Philosophen ist dezidiert End- und Siegelpunkt der philosophischen Systematik. Er ist deshalb keineswegs identisch mit dem Konzept einer abstrakten „Religion der Vernunft“, das in der Moderne geradezu als Glaubensersatz auftritt.

2. Und die Wahrheit des christlichen Glaubens? Christlicher Glaube in der heilsgeschichtlichen Kontinuität des Alten und des Neuen Bundes, wie sie aus der Schrift fundiert ist, legt offensichtlich eine ganz andere Gottesbeziehung

---

[33] Vgl. Politeia Buch II und III, dazu ausführlich: Harald Seubert, *Polis und Nomos. Untersuchungen zu Platons Rechtslehre*, Berlin, 2005.

[34] Robert Spaemann, *Das unsterbliche Gerücht. Die Frage nach Gott und die Täuschung der Moderne*, Stuttgart, 2007, insbesondere 11 ff.

nahe. In reformatorischer Tradition ist zu Recht die Rede von der „fides qua" und der „fides quae", dem Faktum (dass) einerseits und dem Was und Wie des Glaubens. Es bedarf des Feuers des persönlichen Glaubens. Dieser aber muss sich auch binden an Schrift und Bekenntnis. Fehlte das erste, so entstünde ein abstrakter Dogmatismus; fehlte das zweite, so ergäben sich spontan spiritualistische Sonderwege. Geglaubt wird der Gott des Bundes, der Gott der Väter, jener Gott, der sein Antlitz verbirgt (Deus absconditus) und doch Herr der Geschichte ist. Es ist der Gott, der seinen Bund in Treue hält, der dem Menschen personal begegnet, in seinem Zorn und seiner Liebe, der angeredet und verherrlicht sein will und mit dem zu ringen ist. Und es ist dann vor allem und zumal der Gott, der den Menschen, sein Ebenbild wieder aus Sünde, Schuld und dem unhintergehbaren Bösen rettet. Der Gott, der selbst Mensch wird und Menschengestalt annimmt bis in den Tod, ja in den Tod am Kreuz. Dessen Heilshandeln sich in Gesetz und Evangelium zuspricht; von dem wir wissen aus seinem Wort. Er ist am Kreuz gestorben, einen Tod der Erniedrigung und der Pein, die „turpissima mors" der alten Welt. Er ist ein für alle Mal (ephapax) gekommen und hat seiner Kirche und Gemeinde im Geist Vollmacht gegeben. Er wird wiederkommen und alles in allem sein nach seiner Verheißung. Auf ihn leben wir als Gemeinde und als Einzelne in der Spannung des „Schon und Noch nicht" hin, wie dies Oscar Cullmann in seinen Studien zur Heilsgeschichte gezeigt hat.[35] Zugleich ist die Gotteserfahrung „pro me" und „pro nobis", denn sonst könnte sich auch der Teufel, so sagt es Luther, zu ihm bekennen. Dass das Wort vom Kreuz und einer leibhaften Auferstehung allen philosophischen Konzeptionen, die auf Selbsterlösung und Angleichung an das Wesen der Gottheit zielen, eine Torheit ist und bleibt (im Sinn von 1 Kor 1,23), ist offensichtlich. Die antike, vorchristliche Welt kannte den Typus des Gottmenschen, doch nicht den Mensch gewordenen wahren Gott. Sie hielt den Glauben an die Unsterblichkeit der Seele fest, verbunden mit den Konzeptionen der Metempsychose, doch die leibhaftige Auferstehung blieb ihr fern. Und damit ist nicht nur die griechische Metaphysik gemeint, sondern auch die philosophisch-metaphysische Denkform in summa. Um dies wieder zu verdeutlichen, bedarf es einer zweiten, einer christlichen Aufklärung, die wesentlich auf einer Exegese im Dienst des Glaubens beruht.

Der Bruch wird noch totaler, wenn der Gott der Philosophen zu einem abstrakten „höheren Wesen, das wir verehren" trivialisiert wird (in seiner hinreißenden Erzählung „Dr. Murkes, Gesammeltes Schweigen" hat Heinrich Böll diese Wortverlegenheit benannt; und Hegel sprach von der Diffusion Gottes zum

[35] Oscar Cullmann, *Heil als Geschichte. Heilsgeschichtliche Existenz im Neuen Testament*, Tübingen, 1965.

leeren Gas eines être suprême[36]). Dann kann offensichtlich nur – und allenfalls – eine vage Hoffnung aufflackern.

Ist dann nicht bei aller Attraktionskraft, die christliche Philosophie haben kann, bei allen faszinierenden Formen, die sie annahm, die Rede vom „hölzernen Eisen" doch zutreffend? Und sind nicht jene Philosophen vielleicht die redlicheren, die die Grenze, die ihrer Erkenntnis gezogen ist, sehr deutlich sehen. Auch und gerade, wenn sie Christen sind oder doch auf dem Wege dorthin. Wittgenstein etwa, der sich gegenüber dem christlichen Zeugnis nicht als Philosoph verstand, sondern als Mensch, der das apodiktische Gesetz des Guten suchte, das die Welt transzendiert. Auf der Suche nach dem Erbarmen und der Gnade Gottes gab er sich in verschiedenen Abschnitten seines Lebens der Bibellektüre in existentiell bewegender Weise hin. An den in Christus Mensch gewordenen Gott zu glauben, das schien ihm der Ausweg der Fliege aus dem Fliegenglas – und doch kam er nach eigenem Bekunden nicht so weit. Weil er das helle Licht des Evangeliums kaum ertragen konnte, las er der Annäherung wegen in den Psalmen.[37] Kierkegaard und Augustinus sind seine Lehrmeister auf der Suche nach dem Glauben. Einen Gott der Philosophen hatte dieser Philosoph nicht nötig. Doch sein ganzes Leben demonstrierte, dass der Schlusssatz des „Tractatus logico-philosophicus": „Worüber man nicht reden kann, darüber muss man schweigen" existentiell der Umkehrung bedarf: „Wovon man nicht schweigen kann, davon muss man reden."[38]

Gerade Wittgenstein zeigt aber auch, dass die reinliche Scheidung zwischen Christsein und Philosophie nicht möglich ist. Die Frage, was wir meinen, wenn wir von Gott sprechen, nötigt zu der höchsten Redlichkeit, wie sie gerade für die Philosophie unabdingbar ist! Bei näherem Hinsehen suchte Wittgenstein also, sein Philosoph-Sein mit seinem Christsein zu verbinden. Mehr noch: die ethisch aufrichtige philosophische Position fordert ihm zufolge geradezu das Christsein ab. Nur wer sich der Wahrheit christlichen Glaubens nähert, wer erkennt, dass ethische Verpflichtung die Weltklugheit transzendiert, hat auch die Kraft, philosophisch nach der Wahrheit zu fragen.

---

[36] Hegel, *Phänomenologie des Geistes*, Theorie-Werkausgabe Band 3, 433 ff.

[37] Vgl. hierzu Ludwig Wittgenstein, *Denkbewegungen. Tagebücher 1930–1932/1936–1937*, hrsg. von Ilse Somavilla, Innsbruck, 1997.

[38] Hanna-Barbara Gerl-Falkovitz, *Athen und Jerusalem. Oder: Worüber man nicht schweigen kann, davon muss man sprechen*, in: Journal für Religionsphilosophie 1, 2012, 7 ff.

3. Damit rückt der Bruch noch einmal in neues Licht: Die Würzburger Philosophin Wiebke Schrader prägte den Satz: „Der Gott der Philosophen ist, als der Christus der Theologen, der Gott Abrahams, Isaaks und Jakobs".[39] Was bedeutet dieser Satz, wie wäre er zu verstehen und ist er denn überhaupt zutreffend? Ich denke über ihn nach, seit mich das Problem der christlichen Philosophie beschäftigt, und auch meine Lehrtätigkeit hier in Basel wird immer wieder um ihn kreisen. Deutlich ist sofort, dass Wiebke Schrader damit auch den Gott der Philosophen in den heilsgeschichtlichen Zusammenhang und den Zusammenhang der Offenbarung einbezieht. Liebe und Offenbarung Gottes zeigen sich gerade auch darin, dass er sich in der Vernunft manifestiert.

Was mit ihm, diesem Gott der Philosophen, gesucht wird, bedarf aber, so Schraders medius terminus, der Mitte in Jesus Christus, des menschgewordenen, in den Tod gegangenen und auferstandenen Herrn.

Damit verbindet sich: Wahre und wahrhaftige schriftbezogene christozentrisch-trinitarische Theologie hat den Gott der Philosophen aufzunehmen und gleichsam zu enthüllen. So ist er der „Christus der Theologen" und erst auf diese Weise kann er in die Kontinuität und Einheit der Heilsgeschichte einbezogen werden. Christozentrisch, in der trinitarischen Offenbarung begründet, erweist sich, dass der Gott der Philosophen, wenn er denn mit der Wahrheit eins ist, „kein ander Gott" sein kann als eben der Gott, nach dem die Väter fragten und lebten: als bleibende und verbindliche Glaubenszeugen.

Nukleus der Schrader'schen Aussage ist dann: Die Wahrheit des Gottes der Philosophen ist eins mit dem in Christus Mensch gewordenen Gott.

Dies ist nicht nur eine kohärenztheoretische Wahrheit, die die Schlüssigkeit eines Ableitungszusammenhangs zu verstehen gibt. Es ist auch nicht nur eine korrespondenztheoretische Wahrheit, die die Übereinstimmung zwischen Begriff und Sache thematisiert, sondern es ist gleichsam die delotische Wahrheit, die aus der Offenbarung herrührt. Christus spricht, auch in diesem Sinne. Sie enthüllt sich, wenn Christus sagt: *„Ich bin der Weg, die Wahrheit und das Leben"* (Joh 14,6). Die Einheit mit ihm in der Wahrheit können wir im philosophischen Denken nur in Brechungen und Perspektiven erfassen.

---

[39] So Wiebke Schrader, *Über Teilhard de Chardin und die Metaphysik. Schelling-Studien*, Festschrift für Manfred Schröter, München, 1965, 145. Vgl. dazu auch: Xavier Tilliette, *Philosophische Christologie*, Freiburg i. Br., 1988.

4. Wenn es so ist, dann zeigt die Schrader'sche Formel einen Zusammenhang in der Differenz zwischen dem Gott der Philosophen und der Wahrheit des christlichen Glaubens, der geradezu konstitutiv ist für Möglichkeiten und Grenzen christlicher Philosophie. Ihnen gehe ich nun im abschließenden Abschnitt nach.

III. Möglichkeiten und Grenzen

Als Philosophie ist auch christliches Philosophieren durch zweierlei ausgezeichnet, was alle Philosophie, die den Namen verdient, kennzeichnet: durch die insistierende Frage- und Zweifelbewegung. „Sich vollbringenden Skeptizismus" nannte Hegel dies.[40] Die Kehrseite ist, dass es der Philosophie darum geht, nach den letzten zugänglichen Gründen zu fragen, nach dem, was nicht heute oder morgen als wahr behauptet werden kann, sondern was immer wahr ist. Robert Spaemann hat von der „kontroversen Natur" der Philosophie gesprochen, die eng mit der Betätigung menschlicher Freiheit verbunden ist.[41]

1. Ich beginne mit den *Möglichkeiten:*

i. Christliche Philosophie wird von der seit Platon konstitutiven philosophischen Methode ausgehen, nach den letzten und ersten Gründen zu fragen. Sie ist erst in solcher Frage ganz Philosophie. Sie gelangt dabei zu dem Ergebnis, dass die Suche nach Voraussetzungslosigkeit und in diesem Sinn nach Letzt- und Erstbegründung lediglich zu einem formalen Prinzip finden wird, das nicht der reale Anfang, das reale Ende sein kann. Jener Anfang ist in der höchsten Idee Platons oder in der Aristotelischen „noesis noeseos" erstmals formuliert worden, dann in Hegels Lehre vom „absoluten Geist" oder in Heideggers Alætheia-Konzeption. Wenn man sich der Bedingtheit des philosophischen Unbedingten bewusst wird, so bedeutet dies auch: in Christus zum Toren geworden sein, zu einer Philosophie auf Knien zu gelangen. Hier verbindet sich Luther übrigens doch mit Thomas von Aquin, der wenige Wochen vor seinem Tod den Griffel für immer aus der Hand gelegt haben soll, aus einem Traum erwachend, der ihm verdeutlichte, dass alles, was er bislang geschrieben habe, „leeres Stroh" gewesen sei. Dahin gehört auch sein Vorbehalt, die alte Frau, die „Vetula", habe mehr vom Mysterium salutis erkannt als alle Philosophen und Theologen.

---

[40] Hegel, *Einleitung, Phänomenologie des Geistes*, Theorie-Werkausgabe Band III, a.a.O., 68 ff.

[41] Robert Spaemann, *Die kontroverse Natur der Philosophie*, in: ders., Schritte über uns hinaus. Gesammelte Reden und Aufsätze Band 1, Stuttgart, 2010, 56 ff.

Im Geist dieser Demut sollte christliche Philosophie mit höchstem intellektuellem, systematischem und historischem Anspruch betrieben werden.

Die philosophische Gottesfrage kann und muss dann so auf den Mensch gewordenen Gott bezogen werden, dass sie ihn nicht vereinnahmt, nicht durch Aufhebungstheoreme überformt. Sie weiß von Anfang an, dass sie im christlichen Glauben wurzelt: nicht ausschließlich, aber sehr wohl auch, als persönliches Bekenntnis. Ihr Ausgangspunkt ist die offenbarte Wahrheit. Diesen Grund und Gehalt ihres Glaubens sucht sie begrifflich einzuholen. Dabei wird sie zeigen müssen, dass die Offenbarung Gottes vernunfthaft ist und höherrangig als die reduktive bloße Verstandesvernunft. Dies wird christliche Philosophie umso überzeugender zeigen können, je weniger sie sich unmittelbar des Offenbarungszeugnisses bedient.

Christliche Philosophie ist in ihrem Vernunftkern auto-nom (selbstgesetzgebend). Sie zweifelt, denkt den Zweifel aber weiter zum Zweifel am Zweifel als der Präferenz säkularer Weltsichten. Begriffliche Vernunft und Offenbarungswahrheit sind nicht zwei getrennte Welten, sondern zwei Horizonte derselben Wahrheit.

Christliche Philosophie setzt voraus, dass sich der liebende Gott gerade auch der Vernunft mitteilt. Der Herr der Welt ist auch Herr der Recta ratio. Doch die philosophische Vernunft hat keinen exklusiven und ausschließlichen Zugang zu ihm.

Als Credo dieser „Christlichen Philosophie“ sollte man das Wort der Platoniker variieren: „Magis amicus Plato, sed ...“, zu ergänzen war: „aber noch mehr liebe ich die Wahrheit“ – dies heißt für christliche Philosophie: Ich liebe die philosophische Wahrheitsbefragung in ihrer vollen Freiheit, doch mehr noch liebe ich den, der der Weg, die Wahrheit und das Leben ist.

Anselm von Canterburys Anstrengung scheint mir dafür ein erstes, durchaus beeindruckendes Zeugnis zu sein; und hoch respektabel sind die Ansätze neuerer christlicher Philosophie. Es wird darum gehen, diese Ansätze, auch unter Rückgriff auf die benannten vier Paradigmen, zu systematisieren, in ihrer Relevanz zu beurteilen und systematisch zusammenzuführen.

ii. Die Reichweite christlicher Philosophie führt aber noch weiter. Sie berührt die Tektonik der Philosophie insgesamt. Einige Hinweise dazu scheinen angebracht: So wird sie die Phänomenalität menschlichen Geistes und Leibes in ihrer Durchdringung zeigen. Anthropologie erschließt sich ihr im Licht der

Menschenwürde und Gottebenbildlichkeit. Sie weiß: der Mensch ist als Mensch auf seinen Grund bezogen, in der Schöpfung und in der Restituierung des durch Sünde geschändeten Bildes des Menschen. Sie wird die Begrenztheit und den Wissenschaftscharakter der Einzelwissenschaften und die Überschreitung dieses hypothetischen Wissens in Weltanschauung erkenntnistheoretisch aufnehmen und Reduktionen oder Relativierungen der Vernunft kritisieren. Dies ist im Blick auf heutige naturalistische Auffassungen im Zusammenhang von Neurowissenschaft und Bestrebungen einer „Verbesserung“ des natürlichen Menschen (enhancement) von größter Bedeutung. Es bedarf der Kooperation mit Einzelwissenschaften und des Lernens von ihnen. Doch nicht in der Epigonalität, sondern in der Einnahme des eigenen, eigensten philosophischen Gesichtspunktes. Christliche Philosophie hat zu fragen, was denn in den Thesen der Wissenschaft gesehen und erkannt werde.

Die Prägung christlicher Philosophie wird auch durchschlagend sein für die Ästhetik: Das Schöne als Bild und Manifestation des Göttlichen, die Erstheit, die Real presences, von denen George Steiner spricht,[42] gehören in das Zentrum einer Philosophie der Kunst. Damit stellt sich auch die Frage, wie von Gott ein Bild im Endlichen zu formen ist. Das Schöne kann auf Gott hin durchlässig werden. Doch im christlichen Verständnis ist der Mensch gewordene Gott in keiner Form zu halten.

In der Rechts- und der Politischen Philosophie hat christliche Philosophie, entgegen dem Mainstream zu zeigen, dass Menschenwürde und universale Menschenrechte in einem unverlierbaren Zusammenhang mit der christlichen Gottebenbildlichkeit des Menschen stehen und dass wirkliche Toleranz nur gefunden werden kann, wenn sie in der Wahrheit gründet. Sie hat in den kulturellen und kulturalistischen Diskursen der Gegenwart zu eröffnen, dass der Konstruktivismus, der zumeist zugrunde gelegt wird (etwa in der Gender-Frage), die Verfehlung der Wahrheits- und Wirklichkeitsfrage impliziert und warum eine Emanzipation von allem vorausgesetzten Grund am Ende in eine „Tyrannei des Relativismus“ (J. Ratzinger) führt. Man mag in dem umfassenden Konstruktivismus und der Genderisierung den dernier cri der Aufklärungsepoche sehen: gedeckt sind die Schecks selten, der Neusprech erfreut sich umso stärkerer Resonanz in gegenwärtigen Forschungsclustern. Es bedarf nicht des ängstlichen Zurückweichens von solchen Theoremen, obwohl sie teilweise diabolischen (nämlich von Grund auf verwirrenden) Charakter haben. Vielmehr bedarf es einer zweiten wesentlich christlichen Aufklärung, die eine erfüllte, an Ver-

[42] George Steiner, *Von realer Gegenwart. Hat unser Sprechen Inhalt?*, München, 1990.

pflichtung gebundene Freiheit gegenüber der Bindungen lösenden, letztlich nihilistischen Freiheit impliziert. Dazu wird eine christliche Philosophie ihren Beitrag zu leisten haben.

Als Ethik und Moralphilosophie wird christliche Philosophie über Utilitarismus und Voluntarismus hinausblicken. Sie wird realistisch sein, da sie nicht das Vorurteil der jüngsten Zeit, der Mensch sei ausnahmslos gut, teilen kann. Sie wird dabei auf die tiefe Ligatur, die das Sittengesetz (Kant) und die Frage nach dem guten, gelingenden Leben (Aristoteles) zu dem von Gott geschenkten und gebotenen Leben haben, verweisen. Und sie wird die Grenze aller säkularen Ethik reflektieren, die bei all ihrer Bedeutung mit Bonhoeffer ein Vorletztes bleibt: die erneuernde Kraft zur Vergebung der Schuld und der Metanoia im Glauben.

Sie wird, nicht zuletzt, auch Selbstkritik an den Reduktionen und Missverständnissen der eigenen Disziplin sein. Des Vorurteils, dass Philosophie eo ipso „atheistisch“ oder säkular zu sein habe.

iii. Ist eine solche „Christliche Philosophie“ dann doch noch einmal „ancilla theologiae“, und welche Bedeutung hat sie an einer Theologischen Hochschule in der Tradition und im Selbstverständnis der STH Basel? Bei der zu skizzierenden Antwort möchte ich von der subtilen kantischen Unterscheidung absehen, ob die Magd der Herrin die Schleppe hinterher oder das Licht vorneweg trägt. Wesentlich ist dies: Christliche Philosophie, wie ich sie meine, und eine gläubige christliche Theologie stehen auf demselben unaufgebbaren Glaubensfundament, das sich freilich in humaner Weite und Toleranz entwickeln muss.

Von hier her steht sie zu allen theologischen Disziplinen in einem spezifischen Zusammenhang. Das bedeutet im Feld der Praktischen Theologie, dass es nicht beim Gefühl und Ergriffenwerden allein bleiben darf, sondern der Reflexion und ständigen Überprüfung des Handelns bedarf. Die philosophische Perspektive markiert eine Mitte zwischen sozialwissenschaftlich-humanwissenschaftlichen Einsichten und ihrer Ummünzung in der konkreten Situation. Auch für die Diagnose der eigenen Zeit, die Deutung von Moderne und Postmoderne oder Säkularisierung kann die Philosophie der Praktischen Theologie ein wichtiger Gesprächspartner sein.

Die Tradition systematischer Theologie und Dogmatik ist besonders untrennbar mit dem Weg der Philosophie verbunden. Philosophie liefert Begriffe, nicht nur in der zweiwertigen Logik, um das Mysterium salutis explizieren zu können. Sie macht auch resistent gegen die Adaptionen von Dogma und Kerygma an wechselnde Ideologien, denen auch gläubige Christen mitunter erliegen. Doch Dogmatik und christliche Philosophie sind, gerade aufgrund ihrer großen Nähe, besonders strikt zu unterscheiden. Einer „mixtotheologiaphilosophia“ ist die Absage zu erteilen:

Systematische Theologie ist auch in all ihren methodischen Schritten auf die Schrift als Erkenntnisgrundlage und -bindung bezogen, gerade im Sinn einer „konsequenten Exegese“ (E. Jüngel), wohingegen christliche Philosophie mit Vernunftgründen und der Gewinnung der Grenzen der Vernunft zu argumentieren hat. Darin bleibt Heideggers Warnung an Bultmann und seine Schüler wahr und zutreffend. Sie wurde leider überhört. Vielleicht ist die Theologie auch jene Disziplin, die, so sehr sie auf der Absolutheit der Wahrheit besteht, die „rabies theologorum“ auflösen kann. Das war jedenfalls einmal Melanchthons Hoffnung.[43]

Den Exegeten kann sie mit einer Hermeneutik nicht des Misstrauens und der einseitigen Destruktion, sondern des sich entfaltenden Wahrheitssinns in seiner Kontinuität, des Eigenen und Fremden, zu Hilfe kommen. Und, um nur so viel zu sagen, sie erfordert im Sinn der zweiten, christlichen Aufklärung eine Exegese, die das Wort Gottes in seiner Wahrheit und Verbindlichkeit tradiert und weitergibt, durch die Engpässe eines längst abgestandenen Modernseinwollens hindurch!

Es scheint mir weiter, pro domo, gut zu sein, wenn Missions- und Religionswissenschaft bei allen eigenständigen Erfordernissen, denen Rechnung zu tragen ist, aus einem gemeinsamen philosophischen Geist und Grund in Forschung und Lehre vertreten sind: Die Einsicht in die Wahrheitsannäherung der großen Weltreligionen, aber auch die Freilegung der Pervertierungen und Inversionen der Wahrheit in Sekten und Ideologien, zumal den Selbsterlösungsideologien des totalitären Zeitalters und ihrem erstaunlich konstanten Fortwirken in der Gegenwart, haben an Schrift und Bekenntnis, aber eben auch an der philosophischen Fragekultur ihren doppelten Maßstab.

[43] Vgl. Philipp Melanchthon, *De philosophia. Rede über die Philosophie*, 1536, hier zit. nach Melanchthon deutsch, hrsg. von M. Beyer, St. Rhein und G. Wartenberg. Leipzig, 1997.

2. Und nun die Grenzen:

Christliche Philosophie denkt aus der Mitte einer Gewissheit, die in säkularer oder sich säkular wähnender Umgebung marginal und vereinzelt erscheinen werden mag. Sie wird als Philosophie einer Sparte wahrgenommen werden – und eben dies steht mit ihrem universellen, umfassenden Wahrheitsanspruch in tiefer, vielleicht sogar zerreißender Spannung. Zentral ist vor dem systematischen Problem zu erwägen, ob es aus der Gewissheit des Glaubens heraus überhaupt noch das philosophische Fragen geben kann, das keine Grenze kennt. Hier entscheidet sich die Möglichkeit vorurteilsfreien Forschens und Lehrens, das an das Bekenntnis gebunden ist. Die Frage kann mit guten Gründen bejaht werden; und dass dies der Fall ist, ist geradezu die raison d'être unserer Hochschule. Wenn einem die behauptete Vorurteilsfreiheit zum Problem geworden ist, wenn man mit Gadamer zugibt, dass es ohne Vorurteile keine Erkenntnis geben kann und dass es nur darum geht, die Vorurteilsstrukturen wissenschaftlichen Erkennens selbst einzuholen (black box), hat man darauf die allgemeine, formale Antwort gegeben.[44]

So sehr dies gegen den gängigen Zeitgeist steht oder doch quer zu ihm, ist es doch nicht nur eine Alternative zum „methodischen Atheismus“, es ist auch die höherstufige, komplexere Denkform: und in dieser Gewissheit kann sich die christliche Philosophie in den akademischen und öffentlichen Disput begeben.

Diese allgemeine Aussage wird aber noch einmal zu konkretisieren sein: Gott an den Anfang der Philosophie zu stellen, bedeutet, die Wirklichkeit Gottes, die in seiner Freiheit personal begegnet, und die gegenständliche Entzogenheit an diesen Anfang zu rücken, und nicht die Reduktion Gottes auf ein Prinzip. Nicht Gott „in intellectu“, sondern der dreieinige Gott „in re“ ist ihr Ausgangspunkt. Dies gibt der Philosophie auch die Orientierungsgewissheit, dass das letzte Fundament, das sie finden kann – das fundamentum inconcussum – nicht die Subjektivität ist und auch nicht ein Gefühl schlechthinniger Abhängigkeit in Beziehung auf diese Subjektivität, sondern der Mensch im Verhältnis zum dreieinen Gott. Mit Schellings treffender Unterscheidung rührt sie als „rein rationale“ Philosophie an den gedachten Gott, der als Frage – im Sinn der Naturanlage

---

[44] Vgl. Hans-Georg Gadamer, *Wahrheit und Methode*, Tübingen, 1960, 3 ff. Dies wurde theologisch fruchtbar gemacht bei Armin Sierszyn, *Christologische Hermeneutik. Eine Studie über Historisch-kritische, Kanonische und Biblische Theologie mit besonderer Berücksichtigung der philosophischen Hermeneutik von Hans-Georg Gadamer*, Studien zu Theologie und Bibel 3, Wien, 2010.

des Menschen zur Metaphysik – gar nicht nicht gedacht werden kann. Doch des Seins und seiner Mitteilung, seiner Erfahrbarkeit, wird die Philosophie nur inne, wenn sie das Offenbarungszeugnis als Ausgangspunkt voraussetzt. Sie ist gerade darin frei, dass sie sich nicht in dem Irrtum hält, konstruierend, konstituierend sich selbst setzen zu können.

Natürlich wird es darum gehen, dieses eigenständige Paradigma mit jenem der säkularen Philosophiekonzeptionen in ein Verhältnis zu bringen. Die Grenze ist insofern gerade das Konstitutivum christlicher Philosophie. Sie steht dabei in der Folge einer Vernunftkritik und -begründung, die über die Engpässe eines linearen Rationalitätsverständnisses hinausführt. Man ist damit im philosophischen Diskurs gewiss allein. Erstaunlich sind aber die Wirkungsmöglichkeiten der Französischen Religionsphilosophie und -phänomenologie der Gegenwart, die Faszination durch ein Denken, das nicht dem „Mainstream" folgt.

Es wird auch eine Grenze christlicher Philosophie sein, dass sie in ihren Plausibilisierungen der christlichen Wahrheit nicht erwarten kann, dem Menschen den lebendigen Gott vor Augen zu führen. Sie bereitet dies allenfalls vor, indirekt, in einem eigenen tröstenden Sinnen und Ausharren über Gottes Geheimnissen.

Ihre Grenze mag sie, vielleicht am vordergründigsten, aber auch unvermeidlich in den Zeitsignaturen der Gegenwart finden. Die Gegenwartsepoche ist zumindest in der westlichen Welt noch immer weithin gekennzeichnet durch eine fortschreitende und um sich greifende Säkularisierung, durch eine Facettierung der Wahrheitsfrage in pragmatische, mosaikartige Perspektiven, oder deren gänzliche Leugnung absoluter Wahrheit bzw. ihre Desavouierung. All das ist übrigens so neu nicht. Man denke an die altgriechische Sophistik und den berühmten Protagoras-Satz: „Aller Dinge Maß ist der Mensch." In diese Zeitsignatur lagert sich noch immer das Monströse des europäischen Nihilismus und der Nietzsche'schen Diagnose vom Tod Gottes ein, flankiert von einem philosophischen Atheismus, der zwischen Nietzsche und Sartre die philosophische Landschaft prägt.

Wird „Christliche Philosophie" dann nicht zum Anachronismus? Keineswegs: Sie wird vielmehr zu einem Einspruch gegen eine säkulare Auffassung, die einmal Welt erschütternd gewesen sein mag, heute aber die billigst mögliche Common-Sense-Formel ist und zur unhintergehbaren gemeinsamen Weltauffassung zu gehören scheint, obwohl sie faktisch so nur in der westlichen Welt virulent wurde. Lässt uns die Postmoderne, die die großen Dogmen der Aufklärung verabschiedet hat, in ihren Pluralitäten und Pluralismen mehr Raum? Sie allein tut das gewiss nicht. Denn mit dem, was sie bekannt gemacht hat, verbinden sich, das sollte man nicht vergessen, geradezu programmatisch die Wahrheitssuspendierungen, das Plädoyer für Meinung, schwaches Denken, und nicht zuletzt der Konstruktivismus. Ich meine auch, dass den gravierenden Geschehnissen jüngerer Geistesgeschichte gegenüber die bloße Diagnose der Postmoderne zu kurz greift. Als erstmals vom Posthistoire markant die Rede war, meinten die Verteidiger dieser Epochensignatur damit, dass alle großen Formen schon dagewesen seien.[45] Es bleibe ein „Rechne mit deinen Beständen!“ Der katholische Religionsphilosoph Romano Guardini sah die Lage schon in den fünfziger Jahren tiefer: Er spricht vom „Ende der Neuzeit.“ In der Wahrung des bleibend Wahren erscheint damit zugleich die Neuerungskraft. Die programmatische Emanzipatorik komme an ihr Ende, und es forme sich ein Wahrheitsanspruch aus, der über die Engführungen des Relativismus hinausreicht. Eine neue, christlichen Glauben und Religion wieder ins Zentrum rückende Epoche deute sich an, eben weil die Ressourcen der Neuzeit sich erschöpft hätten. Dies kann auch eine Erneuerung des christlichen Glaubens bedeuten, nicht zuletzt durch Enkulturation des christlichen Glaubens aus anderen Kulturräumen. Zugleich schwindet in der Mitte Europas dieser Glaube in Selbstsäkularisierung und mutwilligem Ausreißen von Wurzeln im Namen des emanzipatorischen Guten. Insofern ist unsere Zeit von einer ambivalenten Signatur geprägt, die Gott in die Hände zu legen ist. Die Aussage meines Doktorvaters und langjährigen Mentors Manfred Riedel möchte ich hier auch für Ethik und Logik der Forschung ins Gedächtnis rufen: „dass durch wissenschaftliche Redlichkeit und die Ausübung hermeneutischer Grundtugenden der längst fällige Revisionsprozess gegen die Herabsetzungen des kostbarsten Erbes ins Nichts“ angestrengt wird.[46] In der neuen und bleibenden Unübersichtlichkeit ist ein auch philosophisch diskursiv rechenschaftsfähiger christlicher Glaube gefordert. Er bedarf des intensiven Studiums, Predigens, Handelns, aber auch seiner vielfachen Präsenz in der Welt. Hier hat christliche Philosophie eine wesentliche und zugleich eine dienende Aufgabe. Sie geht die „Schritte über uns hinaus“, gegen Humes Diktum „We never advance one step beyond ourselves“. Dies bedeutet auch: dass sie nicht einen eigenen Gott der Philosophen konstruiert, sondern sich denkend auf den Gott Abrahams, Isaaks und Jakobs einlässt. Aus ihren Grenzen findet sie ihre Gestalt.

---

[45] So Arnold Gehlen, *Über kulturelle Kristallisation*, in: W. Welsch (Hrsg.), Wege aus der Moderne. Schlüsseltexte der Postmoderne-Diskussion, Weinheim, 1988, 133 ff.

[46] Manfred Riedel, *Im Zwiegespräch mit Nietzsche und Goethe. Weimarische Klassik und klassische Moderne*, Tübingen, 2009, 8.

Literatur

Anselm von Canterbury, *Proslogion,* Lat.-dt. Ausg. hrsg. von Franciscus Salesius Schmitt, Stuttgart, 1995.

Attali, Jacques, *Blaise Pascal. Biographie eines Genies*, Stuttgart, 2006.

Aurelius Augustinus, *De Civitate Dei*, Vollständige Ausgabe, eingeleitet und übertragen von Wilhelm Thimme, Zürich, 1955, 2 Bände.

Beierwaltes, Werner, *Platonismus im Christentum*, Frankfurt a. M., 1998.

Benjamin, Walter, *Gesammelte Schriften*, Band 1, Franfkurt a. M., 1974.

Brennecke, Hanns Christof, *Der Absolutheitsanspruch des Christentums und die religiösen Angebote der Alten Welt*, in: Joachim Mehlhausen (Hrsg.), Pluralismus und Identität, Gütersloh, 1995.

Bultmann, Rudolf/Heidegger, Martin, *Briefwechsel 1925–1975*, hrsg. von Andreas Großmann und Christof Landmesser, Frankfurt a. M., 2009.

Clemens Alexandrinus: *Stromata.* Buch I–VI. Herausgegeben von Otto Stählin, Die griechischen christlichen Schriftsteller der ersten drei Jahrhunderte 15, Leipzig, 1906.

Cullmann, Oscar, *Heil als Geschichte. Heilsgeschichtliche Existenz im Neuen Testament*, Tübingen, 1965.

Ebeling, Gerhard, *Luthersstudien Band II*, Tübingen, 1982.

Falk, Walter, *Glauben und Wissen um 2000. Zu einer weltbewegenden Problematik und ihrer Herkunft*. Aus dem Nachlass hrsg. von Harald Seubert. Paderborn, 2003.

Flasch, Kurt, *Die Geburt der „Deutschen Mystik" aus dem Geist der arabischen Philosophie*, München, 2006.

Flasch, Kurt, *Meister Eckhart. Philosoph des Christentums*, München, 2010.

Gabel, Michael/Joas, Hans (Hrsg.), *Von der Ursprünglichkeit der Gabe. Jean-Luc Marions Phänomenologie in der Diskussion*, Freiburg i. Br., 2007.

Gadamer, Hans-Georg, *Wahrheit und Methode*, Tübingen, 1960.

Gehlen, Arnold, *Über kulturelle Kristallisation*, in: W. Welsch (Hrsg.), Wege aus der Moderne. Schlüsseltexte der Postmoderne-Diskussion, Weinheim, 1988.

Gerl-Falkovitz, Hanna-Barbara (Hrsg.), *Jean-Luc Marion. Studien zum Werk*, Dresden, 2012.

Gerl-Falkovitz, Hanna-Barbara, *Athen und Jerusalem. Oder: Worüber man nicht schweigen kann, davon muss man sprechen*, in: Journal für Religionsphilosophie 1, 2012, 7 ff.

Grosse, Sven/Schultz, Gianfranco (Hrsg.), *Möglichkeit und Aufgabe christlichen Philosophierens*, Münster, 2011.

Guardini, Romano, *Christliche Weltanschauung und menschliche Existenz,* München, 1999.

Hegel, Georg Wilhelm Friedrich, *Phänomenologie des Geistes*, Theorie-Werkausgabe Band 3, Frankfurt a. M., 1970.

Hegel, Georg Wilhelm Friedrich, *Philosophie der Religion*, in: Theorie-Werkausgabe Band 16 und 17, Frankfurt a. M., 1970.

Heidegger, Martin, *Phänomenologie und Theologie (1927)*, in: ders., Wegmarken,. GA Band 9, Frankfurt a. M., 1976.

Henry, Michel, *„Ich bin die Wahrheit". Für eine Philosophie des Christentums*, Freiburg i. Br., ^{2}1999.

Henry, Michel, *Inkarnation. Eine Philosophie des Fleisches*. Freiburg i. Br., 2002.

Ivanka, Endre von, *Plato Christianus. Übernahme und Umgestaltung des Platonismus durch die Väter*, Einsiedeln, ^{2}1990.

Iustini Martyris Dialogus cum Tryphone, hrsg. und bearb. von M. Marcovich, Berlin, 1997.

Kobusch, Theo, *Christliche Philosophie. Die Entdeckung der Subjektivität-* Darmstadt, 2006.

Koslowski, Peter, *Philosophien der Offenbarung. Antiker Gnostizismus, Franz von Baader, Schelling*, Paderborn, 2001.

Lubac, Henri de, *Die Tragödie des Humanismus ohne Gott. Feuerbach-Nietzsche-Comte und Dostojevskij als Prophet*, dt. Übers. von Eberhard Steinacker, Salzburg, 1950.

Meister Eckhart, *Deutsche Werke Band III. Meister Eckharts Predigten*, hrsg. und übersetzt von Josef Quint, Stuttgart, 1976.

Meister Eckhart, *Die Lateinischen Werke Band III, Expositio Sancti Evangelii secundum Iohannem*, hrsg. und übersetzt von K. Christ u. a., Stuttgart, 1994.

Melanchthon, Philipp, *De philosophia. Rede über die Philosophie (1536)*, in: Melanchthon deutsch, hrsg. von M. Beyer, St. Rhein und G. Wartenberg, Leipzig, 1997.

Pannenberg, Wolfhart, *Theologie und Philosophie. Ihr Verhältnis im Lichte ihrer gemeinsamen Geschichte*, Göttingen, 1996.

Pascal, Blaise, *Vermächtnis eines großen Herzens. Die kleineren Schriften*, hrsg. von Wolfgang Rüttenauer, Leipzig, 1938.

Plantinga, Alvin, *Warrant and Proper Function*, New York, 1993.

Puntel, Lorenz Bruno, *Sein und Gott. Ein systematischer Ansatz in Auseinandersetzung mit M. Heidegger, E. Lévinas und J.-L. Marion*, Tübingen, 2010.

Riedel, Manfred, *Im Zwiegespräch mit Nietzsche und Goethe. Weimarische Klassik und klassische Moderne*, Tübingen, 2009.

Rohrmoser, Günter, *Glaube und Vernunft am Ausgang der Moderne. Hegel und die Philosophie des Christentums*, Aus dem Nachlass hrsg. von Harald Seubert, St. Ottilien,2009.

Schelling, Friedrich Wilhelm Joseph, *Werke, nach der Originalausgabe in neuer Anordnung*, hrsg. von Manfred Schröter, VI. Hauptband, München, 1927.

Scholem, Gershom, *Walter Benjamin. Die Geschichte einer Freundschaft*, Frankfurt a. M., 1975.

Schrader, Wiebke, *Über Teilhard de Chardin und die Metaphysik. Schelling-Studien*, Festschrift für Manfred Schröter, München, 1965.

Seubert, Harald, *Heitere Nacht. Edith Stein. Praecepta Europae*, Hamburg, 2012.

Seubert, Harald, *Polis und Nomos. Untersuchungen zu Platons Rechtslehre*, Berlin, 2005.

Seubert, Harald, *Schelling interkulturell gelesen*, Nordhausen, 2006.

Spaemann, Robert, *Das unsterbliche Gerücht. Die Frage nach Gott und die Täuschung der Moderne*, Stuttgart, 2007.

Spaemann, Robert, *Schritte über uns hinaus.* Gesammelte Reden und Aufsätze Band 1, Stuttgart, 2010.

Stein, Edith, *Endliches und ewiges Sein*, Edith-Stein-Gesamtausgabe, Freiburg i. Br., 2006.

Steiner, George, Von realer Gegenwart. *Hat unser Sprechen Inhalt?* München, 1990.

Taylor, Charles, Ein säkulares Zeitalter, Berlin, 2009.

Tilliette, Xavier, *Philosophische Christologie*, Einsiedeln, 1998.

Wachter, Daniel von, *Die kausale Struktur der Welt. Eine philosophische Untersuchung über Verursachung, Naturgesetze, freie Handlungen, Möglichkeit und Gottes Wirken in der Welt*, Freiburg i.Br., 2009.

Wasmuth, Eduard, *Der unbekannte Pascal*, Regensburg, 1962.

Wittgenstein, Ludwig, *Denkbewegungen. Tagebücher 1930–32/1936–37*, hrsg. von Ilse Somavilla, Innsbruck, 1997.